MIGLIORA LE TUE RELAZIONI CON L'ENNEAGRAMMA E LA PNL

Altri libri delle Edizioni **Essere Felici**

Dello Stesso Autore

I POTERI SEGRETI DELLA COMUNICAZIONE EMPATICA.
Come raggiungere il successo nella comunicazione interpersonale grazie alla Programmazione Neurolinguistica e alla comunicazione non verbale

John F. Demartini, **COME DIVENTARE DANNATAMENTE RICCHI ED ESSERE BEATI**

Hansen-Canfield-Hewitt, **IL POTERE DELLA FOCALIZZAZIONE.**
Come mettere a fuoco e raggiungere i tuoi obiettivi di lavoro, personali e finanziari

René Egli, **IL PRINCIPIO LOL²A.** La perfezione del mondo
René Egli, **LA FORMULA DELLA RICCHEZZA.** Il Principio LOL²A

Robin Jay, **L'ARTE DEL PRANZO D'AFFARI.**
Tanti pratici consigli per preparare e portare a buon termine un pranzo d'affari

Joan Sotkin, **MONEY TRAINING.**
9 semplici esercizi per migliorare il vostro rapporto con il denaro

Eric De La Parra Paz, **PNL CON I BAMBINI.** Tecniche, Valori e Comportamenti per accrescere sicurezza e fiducia nei tuoi bambini
Eric De La Parra Paz, **IMPARA A USARE LE STRAORDINARIE FACOLTÀ DELLA TUA MENTE.** (libro + video)
Eric De La Parra Paz, **L'ECCEZIONALE TECNICA DEGLI SCHEMI MENTALI**
E. de la Parra Paz e M. del Carmen Madero Vega, **STRATEGIE DI VENDITA E NEGOZIAZIONE**
Eric De La Parra Paz, **RISVEGLIA LA TUA ECCELLENZA (PNL).**
Scoprire i poteri dell'inconscio e metterli al proprio servizi
Eric De La Parra Paz - Marìa del Carmen Madero,
ATTITUDINI CHE DANNO POTERE
ATTITUDINI DI GRANDEZZA
ATTITUDINI PER TRIONFARE

Tiberio Faraci, **INNAMORATI DI TE.** Una guida all'autorealizzazione
Tiberio Faraci, **RICOMINCIA DA TE.** Il Perdono è la Chiave della Felicità
Tiberio Faraci - Dominique Hort, **COME TE NON C'È NESSUNO.**
Come illuminare le tue relazioni e migliorare la tua vita da subito
Tiberio Faraci, **UN CAMMINO PER DIVENTARE ANGELI.**
Un Corso per Diventare Te stesso Ora e Incontrare il Meglio di Te

Laura Cuttica Talice, **I SEGRETI PER AMARE LA VITA.**
L'ipnosi e la programmazione neurolinguistica in azione (con CD allegato)

Vincenzo Fanelli

Migliora le tue Relazioni con l'Enneagramma e la PNL

Essere Felici

Per maggiori informazioni su questo autore
e sulla stessa collana visitate il nostro sito:

www.macroedizioni.it

revisione Melania Marcatelli
editing Valentina Pieri
copertina Matteo Venturi
stampa Tipografia Grafica 10, Città di Castello (PG)

I edizione gennaio 2006
I ristampa settembre 2006
II ristampa marzo 2007
III ristampa novembre 2007
IV ristampa giugno 2008
V ristampa marzo 2009

ISBN 88-86493-71-1
un marchio del GRUPPO EDITORIALE MACRO
Via Giardino 30
47023 Diegaro di Cesena (FC)
e-mail: ordini@macroedizioni.it
sito internet: www.macroedizioni.it

La Cellulosa utilizzata per la produzione della carta su cui sono stati stampati gli interni di questo libro proviene da foreste amministrate.

La Cellulosa utilizzata per la produzione della carta su cui sono stati stampati gli interni di questo libro è sbiancata senza utilizzo di cloro (ECF). Questa carta è riciclabile.

Ringraziamenti

Desidero ringraziare Silvio Nascimben che, grazie alla sua lunga esperienza editoriale, ha saputo darmi efficaci consigli per migliorarmi. Ringrazio Michele Viggiani che con la sua preparazione ha saputo far focalizzare la mia attenzione su alcuni aspetti del sistema. Un abbraccio fortissimo è dedicato a Tullia e Jael che hanno eliminato i primi "orrori" nella bozza iniziale. Inoltre ringrazio Franco Cassina che per primo ha creduto in questo progetto e Giorgio Rosso che ha rinnovato la fiducia nell'opera. Ringrazio Enrico Saba, Antonello Ricciardi, Davni e tutti i miei amici con cui ho condiviso l'Enneagramma e con cui abbiamo scambiato opinioni, informazioni e passato lunghe notti davanti a un cappuccino discutendo gli aspetti più interessanti del sistema. Infine ringrazio tutte le persone che ho incontrato perché grazie a loro ho appreso gli aspetti più profondi del sistema.

Per contattare l'autore

vincenzofanelli@libero.it
www.vincenzofanelli.com

Introduzione

Il buon comunicatore deve comportasi come
un ramoscello sotto il vento:
piegarsi quando è necessario per poi ritornare
nella sua posizione originaria

Immaginate per un attimo di essere in grado di andare d'accordo con chiunque, di poter comprendere il funzionamento della mente del vostro interlocutore, il suo modo di ragionare e *vedere il mondo*, di prevedere in anticipo le sue reazioni emotive e il suo comportamento, di poter creare empatia anche con le persone più difficili.

Lo scopo di questo libro è di fornire uno strumento pratico ed efficace per raggiungere queste straordinarie capacità. In passato sono sempre stato affascinato dal funzionamento della mente nelle relazioni interpersonali e ho sempre ricercato un sistema per comprendere gli altri e creare empatia nelle relazioni. Quando nel 1993 mi sono imbattuto nella Programmazione Neurolinguistica, una disciplina nata negli anni '70 in America e che studia modelli di eccellenza, ho ricevuto una serie di risposte esaurienti alle mie domande. Ad esempio, ogni individuo possiede una propria *mappa del mondo*, una determinata visione della realtà che tende a essere diversa da quella di tutti gli altri individui. Quando tre amici escono da una cinema e discutono animatamente sul film appena visto, ognuno enfatizza gli aspetti

che più lo hanno colpito: uno parlerà della sceneggiatura e degli effetti speciali; un altro sarà stato colpito dalla melodia della colonna sonora; l'ultimo, invece, sarà rimasto impressionato dalle forti emozioni che ha provato. E magari i tre amici cominceranno a discutere perché uno apprezza aspetti che l'altro non ha minimamente percepito. Questo banale esempio serve a farci comprendere come ogni persona possiede un vero e proprio sistema di *filtraggio mentale* che fa passare alcuni elementi mentre ne blocca altri. Questi filtri inconsci cominciano a formarsi in una età che va dai 0 ai 3 anni a causa del comportamento che gli adulti significativi assumono nei nostri confronti: le penalizzazioni e le gratificazioni che i nostri genitori ci infliggono e i loro valori di vita creano nel nostro inconscio quello che rozzamente viene definito "programma mentale", una specie di *software* neurologico che influenzerà i nostri comportamenti futuri. Questa programmazione continua fino ai 12 anni di vita, anche se in maniera meno incisiva, grazie al gruppo sociale di appartenenza, la scuola e i mass media. Infine, la nostra "mappa del mondo" continua a formarsi fino ai 18/20 anni, età in cui cominciano ad assestarsi le nostre credenze, valori di vita e criteri.
Le Credenze, i Criteri e i Valori sono i pilastri attorno ai quali ruotano i nostri comportamenti e che definiscono la nostra *mappa del mondo*. Le Credenze rappresentano quello in cui noi crediamo (ad esempio: *credo che la salute sia un bene fondamentale*); i criteri sono dei parametri attraverso i quali valutiamo le nostre azioni e quelle degli altri; i Valori rappresentano quello che è importante per noi e sono profondamente collegati con le credenze (ad esempio: "*credo che la salute sia un bene fondamentale*" cela al suo interno anche il valore "salute"). Il rispetto e la condivisione di questi elementi con i nostri interlocutori permette di creare empatia; invece, quando non sono condivisi, si rischia di creare contrasti relazionali. Ad esempio, se il nostro interlocutore ha in cima alla sua scala gerarchica il valore "soldi" (e vogliamo andare d'accordo con lui), dobbiamo cercare di condividere questo elemento o evi-

tare di attaccarlo. Invece, se gli diciamo: «Una persona che ha i soldi come valore di vita è mediocre», *strappiamo* la sua mappa del mondo divenendo suoi nemici.
Uno degli errori ricorrenti è credere che la nostra visione del mondo sia uguale o condivisa dal nostro interlocutore e non dobbiamo meravigliarci se chi abbiamo di fronte ci trova antipatici o non vuole assolutamente accettare le nostre argomentazioni. Conoscere e condividere questi elementi permette di creare empatia. Pensate un attimo a tutte quelle volte che avete incontrato qualcuno che ha condiviso **sinceramente** i vostri valori, le vostre credenze e i vostri criteri. Come vi siete sentiti? E come avete percepito questa persona? Sicuramente si è creata empatia e fiducia nei suoi confronti perché ricalcava quasi perfettamente la vostra visione del mondo e sentivate di poter parlare con qualcuno che in qualche modo era in grado di comprendervi. Questo è il segreto per andare d'accordo con chiunque, anche con le persone più difficili. Ma come è possibile comprendere questi elementi e in seguito condividerli? La PNL fornisce una serie di strumenti efficaci per individuare Criteri e Valori del vostro interlocutore grazie a delle domande mirate: "Cosa è importante per te? Cosa ti spinge ad alzarti ogni mattina dal letto? In cosa credi?".
A volte non è necessario sottoporre al vostro interlocutore queste domande in quanto, grazie a un buon ascolto attivo, potete comprendere questi elementi durate la conversazione.
Dopo qualche anno ho incontrato l'Enneagramma quasi per caso e un nuovo modo di percepire la comunicazione mi si è rivelato. Questo sistema molto antico descrive nove tipi di personalità ognuna delle quali possiede determinati criteri e valori. In altre parole, grazie a questa metodologia è possibile sapere in tempo reale che tipo di personalità ha il mio interlocutore, come percepisce la realtà che lo circonda, in cosa crede, cosa gli piace e cosa odia. Conoscere in anticipo tutti questi elementi ci permette di modificare il nostro atteggiamento affinché sia possibile creare empatia con chi abbiamo di fronte.

Un consiglio che voglio fornirvi è di mettere subito in pratica gli insegnamenti di questo libro, perché questo è il sistema migliore per apprendere il metodo, anche se commetterete degli errori nelle prime fasi. Se vi limitate a leggere i capitoli seguenti e a riporre il libro nello scaffale senza sperimentare nulla, tutte queste nozioni saranno inutili. Quando appresi l'Enneagramma iniziai a sperimentarlo con amici e sconosciuti perché ero animato dalla voglia di padroneggiare e sperimentare il sistema. Come risultato ottenni l'incremento delle mie conoscenze e la reale comprensione dell'Enneagramma che, secondo il mio parere, può essere appreso solo se applicato con la gente e non con la semplice lettura di testi, che chiaramente servono a creare i presupposti teorici per la pratica.
Alla fine di questo libro cambierete il modo di percepire gli altri rendendovi conto che ogni individuo ha una determinata struttura caratteriale e che non esistono personalità migliori o peggiori: solo modi diversi di vedere la realtà.

Capitolo I
La percezione della realtà: PNL e sistemi rappresentazioni

Cenni sul funzionamento della mente umana

L'esistenza umana è costituita da eventi governabili ed eventi che esulano dal nostro controllo. Questi ultimi li etichettiamo come casuali perché sono al di là delle nostre possibilità. La razionalità, fondamento della cultura occidentale, spiega molte cose, mentre quelle non spiegabili evita di considerarle, perché rientranti nella fatalità. Consideriamo la nostra esistenza totalmente controllabile con la logica, rifiutando tutto ciò che è costituito da impulsi, emotività e irrazionalità. Ma come è possibile che impulsi ed emotività possano influenzare la nostra vita se l'uomo occidentale afferma che con la razionalità è possibile dominare tutto, compresa la natura? Forse questa convinzione andrebbe rivista in quanto quasi tutti sanno che non sempre la logica è in grado di gestire quello che ci circonda e che si trova all'interno di noi stessi. Probabilmente l'emozionalità e l'irrazionalità, elementi che costituiscono ogni individuo, rivestono un'importanza maggiore rispetto a quanta ne attribuiamo.

Da cosa è costituita la nostra mente? Il cervello è costituito da due emisferi dislocati nella parte destra e sinistra dell'organo cerebrale. Se avete visto una foto o un disegno di questo importantissimo organo è interessante notare che è letteralmente formato da due parti che si fondono. **L'emisfero sinistro** è responsabile della razionalità, dell'articolazione della parola, della matematica ed è sequenziale; **l'emisfero destro**,

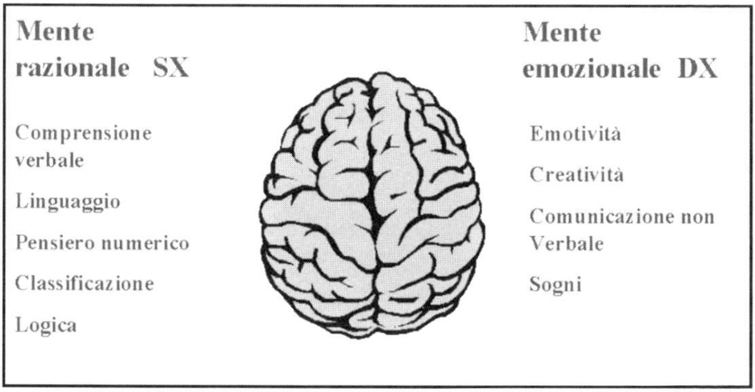

invece, è responsabile dell'emotività, del sogno, della creatività, dell'irrazionalità ed è il luogo in cui è depositato il nostro **programma mentale**.

Ma che cos'è il programma mentale?
Quando veniamo al mondo la nostra mente è quasi totalmente priva di influenze, il nostro cervello è libero da condizionamenti provenienti dall'esterno e quindi reagisce senza schemi precostituiti, anche se nel grembo materno le emozioni di nostra madre influiscono sul nostro stato emozionale. Durante la crescita, la nostra mente passa attraverso tre fasi. Quando veniamo al mondo non siamo in grado di distinguere il negativo e il positivo. Questa particolare fase è chiamata **Fase Sensoriale**, condizione in cui avvertiamo il piacere e la sofferenza, la gioia e il dolore, ma non siamo in grado di definirli; ad esempio il bambino mette le dita nella presa elettrica e sente il dolore, ma non sa definirlo. Lo stadio successivo è denominato **Fase Percettiva**, stato in cui conosciamo il significato del piacere e della sofferenza ma non siamo in grado di identificare la fonte che li detiene; ad esempio se il bambino mette le dita nella presa di corrente percepisce e definisce il dolore, ma non sa identificare la fonte. Infine attraversiamo la **Fase Riflessiva**, in cui identifichiamo la fonte buona e cattiva,

identifichiamo la presa di corrente elettrica che fornisce la sofferenza, identifichiamo il genitore buono e quello cattivo. È interessante fare una riflessione in merito agli stadi di sviluppo: reputiamo un cibo disgustoso o piacevole, senza mai averlo assaggiato prima, solo guardando la smorfia di disgusto di nostra madre che cerca di farcelo mangiare. Il gusto non è ancora sviluppato, ma siamo in grado di decodificare una serie di messaggi non verbali provenienti da chi ci sta vicino.
La nostra mente può essere paragonata a un dischetto vergine che viene scritto man mano che i genitori ci forniscono le informazioni. Da bambini assorbiamo come spugne tutti i dati e li immagazziniamo, formando il programma mentale entro i primi tre anni di vita, perfezionandolo fino ai 12 anni. Questo disco è responsabile delle convinzioni profonde che spesso e volentieri limitano il successo della nostra vita. Se da piccolo mia madre mi ha sempre ripetuto che *sono un imbecille*, quest'affermazione si sarà incisa nel mio inconscio in modo tale da farmi comportare *come un imbecille*, anche se questo mi farà soffrire tantissimo. Questo programma occulto sfuggirà alla mia consapevolezza e l'unica spiegazione che potrò darmi sarà che *sono un imbecille*! Ma, a questo punto, secondo i canoni della nostra civiltà occidentale, è logico darsi dell'imbecille se noi pretendiamo di poter controllare tutto con la razionalità? Perché a volte arrossiamo senza un apparente motivo davanti a determinate persone o circostanze? Perché cadiamo in depressione o non riusciamo a raggiungere i nostri obiettivi se abbiamo tutto quello che ci serve? Forse il motivo risiede nel fatto che l'inconscio ha un potere di controllo sulla nostra vita che arriva a superare il **90%** rispetto al misero 10% della parte razionale. Possiamo paragonare l'inconscio a un enorme elefante che vaga in una giungla lussureggiante; sul suo dorso vi è una mosca che rappresenta la parte razionale. Quest'ultima gli dice: «Ehi, vai dritto in quella direzione, perché ho visto una montagna di zucchero!».
Invece, l'elefante intravede un ruscello che all'improvviso gli ricorda di avere una fortissima sete e s'incammina verso esso

per dissetarsi. La mosca potrà urlare finché vorrà, ma mai potrà opporsi alla decisione dell'elefante che invece di andare dritto preferisce girare in un'altra direzione per bere. Come può opporsi? E quante volte si è verificata una situazione simile? Quante volte ci siamo posti degli obiettivi razionalmente che non siamo riusciti a raggiungere? Abbiamo consultato *l'elefante* per conoscere le sue esigenze?
La **Programmazione Neurolinguistica** (PNL) ha messo a punto delle tecniche che ci permettono di scoprire se l'obiettivo che ci siamo prefissi coincide con quello della nostra parte profonda; ci permette di sapere se vi sono barriere che possono impedirci il raggiungimento dei nostri scopi. Inoltre ha sviluppato dei sistemi veloci ed efficaci che ci permettono di entrare in contatto diretto con l'inconscio e di modificare i nostri limiti interiori.

Ma cos'è la PNL?
Questa scienza nasce negli anni '70 a opera di un linguista e di un cibernetico, Richard Bandler e John Grinder e dalla loro voglia e necessità di accrescere le potenzialità umane. Ma la PNL affonda le sue radici in un epoca ancora più remota, nel 1949, dallo studio dell'*Assertività*. Bandler e Grinder studiarono quelle particolari persone che eccellevano nei loro campi, manager, scienziati, allenatori, sportivi ecc. Si chiesero: «Qual è la strategia che usano per vincere nel loro campo?». Studiandoli si accorsero che queste persone utilizzavano delle strategie di comportamento, di motivazione e automotivazione che potevano essere riprodotte. Infatti la PNL afferma che se esiste un solo individuo al mondo che riesce a fare una determinata cosa, anche noi possiamo farla modellando la sua strategia personale che lo porta verso il successo. La PNL studia **cosa dire**, **cosa fare** e **come farlo**! Analizziamo più nei particolari il nome "Programmazione Neurolinguistica":

1. **Programmazione**: secondo gli studiosi noi abbiamo dei patrimoni di programmi racchiusi nella nostra mente e questi programmi possono essere modificati.

2. **Neuro**: questi programmi vengono sistemati in maniera tale da diventare delle configurazioni Neurali.
3. **Linguistica**: il linguaggio fa parte del nostro sistema di comunicazione con gli altri e attraverso dei linguaggi di precisione è possibile estrarre i limiti che ostacolano il raggiungimento dei nostri obiettivi.

La PNL ha diverse aree di intervento, di cui le più importanti sono tre: motivazionale, terapeutica e di comunicazione efficace. In questa sede affronteremo una parte di quest'ultimo e in particolare come l'uomo percepisce la realtà esterna e comunica informazioni all'esterno.

I SISTEMI RAPPRESENTAZIONALI

Durante un processo comunicativo prevale l'emisfero destro ovvero l'inconscio. In percentuale il 38% è costituito dal tono di voce e il 55% dalla mimica e il linguaggio del corpo, rappresentando una percentuale pari al 93%. Il restante 7% è gestito dalla parte logica, ovvero dalla parola. Quindi mi sembra evidente che se vogliamo gestire una comunicazione efficace dobbiamo interagire con l'inconscio. Quante volte ci è capitato di incontrare persone che hanno sostenuto un brillante discorso, ma alla fine non ci hanno convinti? Noi registriamo milioni di informazioni che sfuggono alla parte razionale, ma che comunque vengono elaborate dalla nostra parte emotiva. È lei che poi ci spinge a provare simpatia o antipatia nei confronti del nostro interlocutore. È importante entrare in sintonia con l'emisfero destro del nostro interlocutore in quanto ognuno di noi ha una propria "frequenza". Quando vogliamo ascoltare la radio non ricerchiamo la giusta frequenza? Il lavoro che inizialmente deve fare un buon comunicatore è capire qual è la tipologia del soggetto che ha di fronte. La PNL distingue tre tipologie in base al canale preferenziale usato per elaborare le informazioni interne. Ovvero, vi sono persone che prediligono elaborare le informazioni attraverso le **immagini**, i **suoni** o le **emozioni**. Ad esempio, come già detto, dopo aver visto un film in un gruppo di persone ci saranno alcuni che hanno prediletto la colonna sonora o gli effetti acustici, altri la scenografia o gli effetti speciali, altri la "vibrazione" e l'atmosfera che si è creata grazie al film. Infatti, le tre tipologie sono:

1. Visivo = immagini
2. Auditivo = suoni – parole – rumori
3. Cenestesico = sensazioni – gusto – olfatto.

Questo non significa che se una persona è Visiva non elabora anche in Auditivo e Cenestesico, ma frequentemente elaborerà per immagini e se voglio entrare in sintonia con lei devo usare tutto quello che è collegato al mondo delle immagini. Infatti usiamo un canale in maniera preferenziale, un altro meno frequentemente e il terzo lo usiamo rarissime volte. Quindi se ho di fronte un Cenestesico che elabora per sensazioni, gusto e odori e voglio descrivergli una giornata al mare, è inutile parlargli della "**luminosità**" del sole, della "**trasparenza** dell'acqua" e del "**colore** della sabbia". Invece dovrei parlargli della "**sensazione** dell'acqua sulla pelle", della "brezza marina che **accarezza** il mio volto" e del "**bruciore** della sabbia sotto i miei piedi". Se invece ho di fronte un Auditivo gli parlerò del "**suono** delle onde sulla spiaggia", del "**vociare** dei bambini" e del "**verso** dei gabbiani". Sicuramente, alcuni di voi leggendo queste righe avranno visto un particolare colore, ascoltato un suono o provato qualcosa. Forse una descrizione in particolar modo sarà stata più intensa delle altre due. Tramite la semplice lettura del testo, si sono attivate esperienze Visive, Auditive e Cenestesiche. Questo avviene perché utilizziamo prevalentemente un tipo di informazione rispetto alle altre, ma ciò non significa che queste non siano attive. Infatti, il canale preferenziale viene chiamato Canale di Accesso, in quanto non permettiamo alle altre informazioni di entrare se non viene utilizzato. È come una chiave che ci permette di aprire una porta, la porta del nostro inconscio. Infatti l'uomo ha bisogno di una particolare qualità di informazioni per potersi raffi-

gurare la realtà. Ecco perché spesso nascono delle incomprensioni: se a un Visivo parliamo in Cenestesico, questo ci dirà: «Non mi è **chiaro** quello che mi dici. Puoi ripetere?». Quante volte ci è capitato? Eppure eravamo sicuri di esserci espressi nella giusta maniera, ma non eravamo compresi.
Ma come facciamo a sapere se il nostro interlocutore è un Visivo, un Cenestesico o un Auditivo?
Un primo esame e il relativo linguaggio da utilizzare è costituito dall'ascolto dei predicati verbali che maggiormente utilizza.
La seguente tabella mostra predicati verbali e parole che generalmente utilizzano le tre tipologie:

VISIVO (V)	**AUDITIVO (A)**	**CENESTESICO (K)**
Vedere chiaro	Ascoltare	Toccare
Focalizzare	Sintonizzarsi	Sentire
Illuminare	Parlare	Rilassato
Immaginare	Dire	Teso
Mostrare	Chiamare	Pressione
Indistinto	Discutere	Concreto
Colorato	Armonia	*Toccare con mano*
Visionare	Suonare	Percepire

Vi sono alcuni predicati che non fanno capo a nessuna delle tre tipologie. Esempio:

NEUTRO	**VISIVO**	**AUDITIVO**	**CENESTESICO**
Ti capisco	Vedo il tuo punto di vista	Sono sintonizzato perfettamente	Sento di essere d'accordo con te

Da questa tabella potete comprendere come un concetto possa essere espresso in diversi modi. La preferenza verso uno di questi potrebbe già costituire un indizio in merito al vostro canale preferenziale.

Per capire a quale tipologia apparteniamo possiamo eseguire il seguente esercizio: scrivere una storia di poche righe su quello che ci è accaduto durante la giornata o ieri. È importante scrivere solo un paio di frasi riguardanti l'ambiente esterno senza entrare nei particolari.
Esempio:

Ieri ho ***incontrato (K)*** *il mio amico Luigi. La giornata era* ***calda (K)*** *e gli chiesto se si* ***sentiva (K)*** *di fare quattro passi con me.*

Dalla frase emergono predicati verbali Cenestesici. Quindi una frase di questo genere appartiene sicuramente a una persona che ha il Canale di Accesso Cenestesico. Ma noi non utilizziamo solo un tipo di canale: ne usiamo un altro ed ecco perché vi ho chiesto di limitarvi a scrivere un breve periodo sull'ambiente esterno. Se, infatti, continuate a descrivere quello che vi è successo, comincerete a utilizzare un altro tipo di predicati verbali in quanto elaborerete l'esperienza vissuta (Canale di Elaborazione).
Esempio:

Ieri ho ***incontrato (K)*** *il mio amico Luigi. La giornata era* ***calda (K)*** *e gli chiesto se si* ***sentiva (K)*** *di fare quattro passi con me. Gli ho* ***detto (A)*** *se voleva andare a bere un caffè e mi* ***risposto (A)*** *che gli avrebbe fatto molto piacere. Mi ha* ***raccontato (A)*** *quello che gli successo l'ultima volta che ci siamo incontrati e sono stato molto felice di* ***sentire (A)*** *che ha trovato un nuovo lavoro in* ***sintonia (A)*** *con le sue capacità.*

Dal racconto emergono due tipi di predicati verbali: Cenestesici e Auditivi. Questi ultimi sono divenuti prevalenti nel momento in cui si è passati a una elaborazione dell'esperienza. Questo significa che chi lo ha scritto in "accesso" ha bisogno di informazioni legate alle sensazioni (Cenestesico) mentre, quando "elabora e pensa", utilizza tutto quello che è legato al mondo delle parole e dei suoni (Auditivo). Si tratta di una vera e propria strategia in-

conscia, la modalità informativa neurale. In questo caso il Visivo è il canale Interiore, un sistema informativo che utilizziamo molto raramente.
Nel disegno sottostante è rappresentato il flusso informativo dell'esempio sopra riportato.

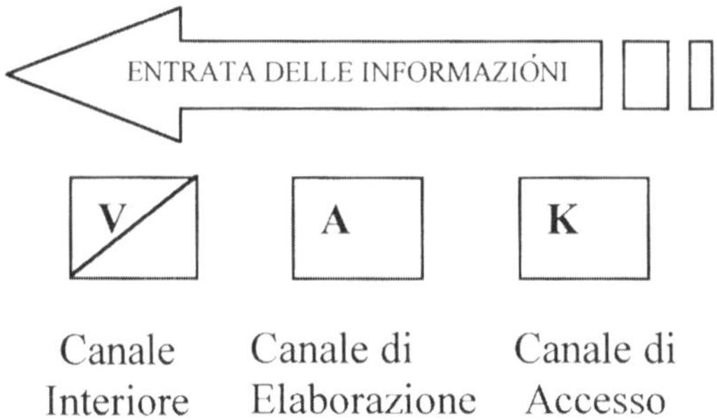

Capire il Canale di Accesso ed Elaborazione è possibile anche attraverso un altro sistema: l'osservazione della postura. Infatti, il tipo di postura espressa, il tono di voce e il modo di gesticolare esprimono il canale preferenziale. I tre diversi tipi di postura sono raccolti nello schema sottostante:

CANALE PREFERENZIALE	POSTURA
VISIVO	Postura eretta, respirazione alta, tono di voce alto e ritmo veloce. Gesticola verso l'alto.
AUDITIVO	"Posizione Telefono": testa leggermente inclinata con la mano vicino l'orecchio, respirazione media, tono di voce "cantilenante". Gesticola all'altezza del petto.
CENESTESICO	Posizione più "inerme", curva. Respirazione molto bassa, tono di voce basso. Gesticola verso il basso.

L'osservazione della postura è un ottimo metodo per capire qual è il sistema preferenziale di chi abbiamo di fronte che, generalmente, coincide con il Canale di Accesso. Vedremo in seguito che non sempre questa regola è applicabile, ma nel 70% dei casi funziona.
Un altro sistema è costituito dall'osservazione dei movimenti oculari. Quando siamo nel grembo materno, a uno stato fetale, i nostri occhi sono direttamente collegati con il cervello. Nel processo di formazione, gli occhi si distaccano e rimangono collegati con il cervello tramite il fascio di nervi ottici. Quindi sono ancora collegati con l'emisfero cerebrale. Infatti, quando si accede a una serie di informazioni mentali, gli occhi tendono a spostarsi in una direzione piuttosto che in un'altra. Naturalmente questi movimenti sono involontari, gestiti dalla parte inconscia. Ora provate a pensare a quello che avete fatto durante la giornata. I vostri occhi inevitabilmente si sposteranno involontariamente in una determinata direzione. Se provate a bloccare il movimento, non riuscirete ad accedere facilmente all'esperienza. È necessario porre all'interlocutore una domanda che presuppone una risposta "secca". Ad esempio: «Dove sei andato in vacanza l'anno scorso?» «In Francia». Prima della risposta gli occhi si sposteranno in una determinata direzione, indicandovi il canale preferenziale. Il Visivo guarda in alto come se cercasse la risposta in un mondo immaginario sopra la sua testa; l'Auditivo guarda in orizzontale; il Cenestesico rivolge lo sguardo in basso. È importante cogliere l'attimo prima della risposta in quanto i suoi occhi potrebbero andare in più direzioni; questo fenomeno avviene perché potrebbe ricercare la risposta in più canali sensoriali. Dovete prendere in considerazione l'ultima direzione prima della risposta. In questa maniera otterrete il suo canale preferenziale o **CANALE DI ACCESSO**, che vi consentirà di entrare in sintonia con il vostro interlocutore.

Quando lo sguardo è rivolto alla nostra sinistra accediamo rispettivamente al Visivo ricordato (Vr), Auditivo ricordato (Ar) e al Dialogo interno (Ai). Quando invece gli occhi si spostano alla nostra destra, stiamo accedendo al Visivo costruito (Vc), all'Auditivo costruito (Ac) e al Cenestesico (K).

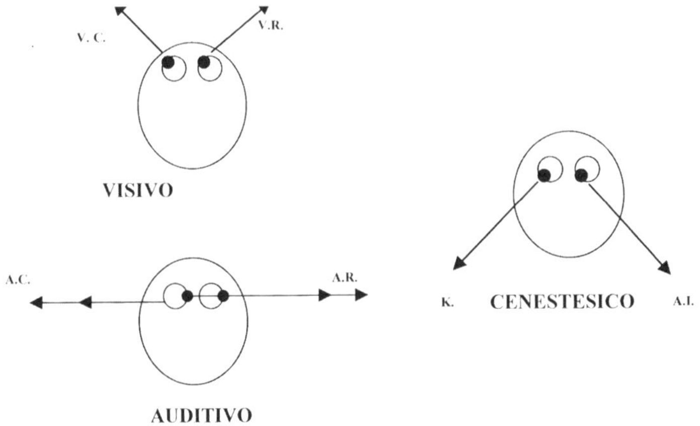

- Vr – Visivo Ricordato: l'interlocutore accede alla memoria visiva in merito a eventi esistenti, reali e depositati nei suoi ricordi.
- Vc – Visivo Costruito: l'interlocutore accede all'immaginazione visiva, creando e inventando eventi visivi non accaduti.
- Ar – Auditivo Ricordato: l'interlocutore accede alla sua memoria auditiva ricordando eventi legati a discussioni e ragionamenti realmente accaduti.
- Ac – Auditivo Costruito: l'interlocutore accede alla sua immaginazione auditiva per creare eventi legati a ragionamenti e discussioni di pura fantasia.
- K – Cenestesico: l'interlocutore accede alla *mappa* legata a sensazioni, emozioni, gusto, olfatto ecc.
- Ai – Auditivo Interno (dialogo interno): l'interlocutore accede a un dialogo interiore comunque collegabile alla mappa cenestesica.

Bisogna precisare che in alcuni mancini si inverte l'ordine. Ma questa inversione è valida solo per alcuni e non per tutti. Un'altra cosa interessante consiste nel fatto che nella mappa cenestesica questa distinzione non sussiste: infatti le emozioni e le sensazioni non possono essere inventate, si provano e basta.
Se invece sottoponete al vostro interlocutore una domanda che presuppone una riposta più lunga, vi fornirà il secondo canale che utilizza meno frequentemente rispetto a quello di accesso. Vedremo in seguito come verrà gestito.
Una volta individuato il Canale di Accesso, utilizzeremo i predicati verbali corrispondenti e tutto quello che è collegato al suo mondo. In seguito utilizzeremo il secondo canale, quello che utilizza meno frequentemente, in modo da seguire una strategia. Dobbiamo far finta di volere entrare all'interno di una casa: ho bisogno di una chiave per aprire la porta (Canale di Accesso), di girare una maniglia (Canale di Elaborazione) e infine posso accedere al suo interno (Canale Interiore). Questo è lo scopo di un bravo comunicatore: riuscire a utilizzare con il proprio interlocutore il suo canale di elaborazione. Ma questo non ci sarà consentito se prima non eseguiamo la sequenza nel giusto ordine. Generalmente nelle relazioni utilizziamo il Canale Interiore solo quando siamo emotivamente coinvolti nel rapporto con il nostro interlocutore. Mi sembra evidente che se riusciamo a interagire con questo particolare canale, coinvolgeremo emotivamente chi abbiamo di fronte, andando ben oltre la semplice empatia.

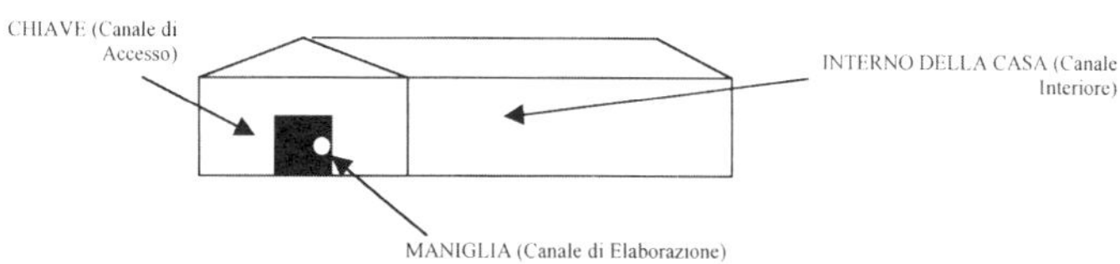

Il nostro compito, quindi, consiste nel ricalcare la strategia di informazioni del soggetto.
Il Canale Interiore lo utilizziamo solo nei momenti intimi. Infatti, utilizziamo il **Canale di Accesso con persone appena conosciute**, quello di **Elaborazione con persone che conosciamo** da più tempo mentre quello **Interiore con il partner** o con coloro con cui siamo in rapporti molto intimi.
Inoltre le varie fasi coincidono con stati cerebrali differenti. È risaputo che la mente umana, a seconda della fase in cui si trova, emette quattro tipi di onde cerebrali: Gamma, Beta, Alfa e Teta.

Gamma: Stato di iper-eccitazione, un momento in cui siamo arrabbiati o molto eccitati.
Beta: Stato di normale veglia.
Alfa: Stato di rilassamento in cui cominciamo a sognare, fase di dormiveglia o appena svegli.
Teta: Stato di estremo rilassamento, sonno meditativo.

I ricercatori hanno scoperto un collegamento interessante tra le onde cerebrali e i vari canali. Infatti, quando ci troviamo in un determinato canale emettiamo determinate onde:

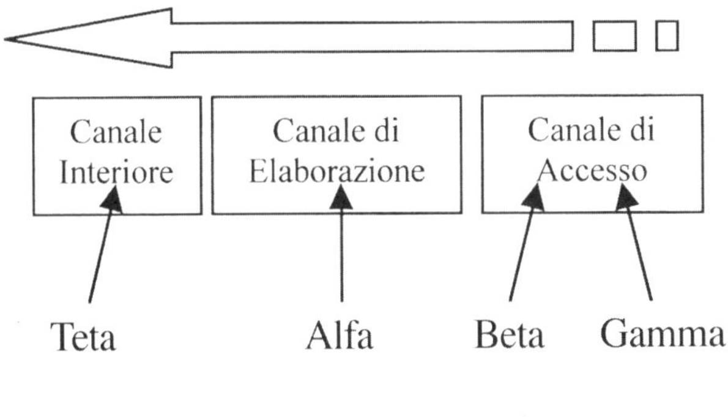

Questo significa che quando utilizziamo un determinato canale siamo in un determinato stato mentale. Ecco perché il canale Interiore lo usiamo raramente: difficilmente emettiamo onde Teta, ovvero siamo in uno stato di estremo rilassamento solo in determinate circostanze e con particolari persone. Esiste un altro abbinamento:

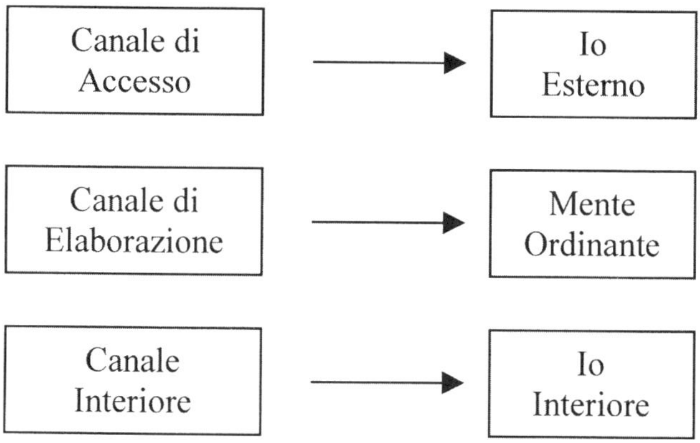

IO ESTERNO: fase in cui utilizziamo prevalentemente le funzioni dell'emisfero sinistro ovvero della parte razionale (logica, valutazione, matematica, parola e tutto quello che è legato a processi razionali). Questa fase è molto intensa quando raccogliamo informazioni sulla realtà esterna e comunichiamo con persone appena conosciute.

MENTE ORDINANTE: fase di organizzazione delle idee e dei pensieri. È una fase di estrema elaborazione. Non è un caso che si emettano onde Alfa nella fase REM del sonno, stadio in cui gli occhi si muovono intensamente, indice di elaborazione delle informazioni raccolte durante il giorno. Infatti, la Mente Ordinante coincide con una parte dell'inconscio dove si comincia ad accedere a una fase emozionale, immaginativa, in cui prendono vita i nostri sogni.

IO INTERIORE: è una fase profonda in cui accediamo al nostro Io più profondo, la nostra parte inconscia più nascosta, in cui vi sono risorse e schemi di pensiero inutilizzati. Infatti, si riesce ad accedere a questa parte tramite la meditazione e l'autoipnosi. Rappresenta il 90% di potenzialità della nostra mente.

Riepiloghiamo la procedura e cerchiamo di creare una strategia per individuare con certezza i tre canali del nostro interlocutore. La comprensione di questa fase è importante perché ci permette di individuare la tipologia psicologica del nostro interlocutore, in quanto i sistemi rappresentazionali si integrano con l'Enneagramma.

Il sistema più semplice è costituito dal porre una domanda neutra al nostro interlocutore: ad esempio: «Cosa hai fatto ieri?». Nel momento in cui si prepara per la risposta, i suoi occhi andranno in una direzione (Canale di Accesso). Poi comincerà a parlare riguardo la sua esperienza e le pupille andranno anche in un'altra direzione (Canale di Elaborazione). Per esempio, supponiamo che il nostro interlocutore sposti gli occhi verso l'alto (Visivo) e poi, quando comincia a elaborare l'esperienza, verso il basso (Cenestesico). Seguendo lo schema intuisco che si tratta di un Visivo in Accesso e Cenestesico in Elaborazione (VK). Per esclusione, l'Auditivo è il Canale Interiore. A volte può non essere semplice cogliere qual è il primo o il secondo canale. In genere, quando ci fornisce risposte "secche", si tratta del Canale di Accesso. Per risposte secche intendo: "Sì", "No", "Sono stato a casa" e così via. Quando invece comincia a entrare in un discorso più lungo, fornisce il secondo canale perché ragiona sull'esperienza.

Il sistema più efficace è notare quali sono i due canali utilizzati. Tornando all'esempio di prima capisco che il mio interlocutore utilizza il Visivo e il Cenestesico ma supponiamo di non avere ancora capito qual è l'Accesso e quale l'Elaborazione. Esiste un sistema efficace per individuarli. Se portiamo il nostro interlocutore a ragionare su un'esperienza vissuta, mi fornirà il canale di Elaborazione: ad esempio «perché hai comperato proprio questa automobile?». Domande dirette sulla "presa delle decisioni", forniscono il secondo canale. Se la direzione degli occhi indicheranno la modalità, ad esempio, Cenestesica, l'altro canale è sicuramente quello di Accesso (Visivo). Riepilogando, la strategia è la seguente:

1. **Fare una domanda neutra** *(Cosa hai fatto ieri?).*
2. **Notare quali sono le due direzioni in cui vanno gli occhi.**
3. **Associare le direzioni con i canali.**
4. **Individuare il Canale di Elaborazione con una domanda inerente la "presa delle decisioni".**
5. **L'altro, per differenza, è quello di Accesso.**

Vi sono delle regole da rispettare:

- **Siate veloci nel cogliere i segnali**. Metteteci al massimo un minuto, perché poi l'interlocutore utilizzerà anche il terzo canale (Canale Interiore). A quel punto sarete confusi. Questo succede perché quando si istaura una comunicazione, scattano dinamiche inconsce per le quali il nostro interlocutore cerca di adeguarsi alle nostre strategie. Comincia a fornirci inconsciamente strategie nuove per coinvolgerci nella relazione.
- **La domanda deve essere neutra**. Non fate domande collegate alla sfera intima, perché inevitabilmente lo porterete nel terzo canale.

Esistono al massimo sei tipi di strategie inconsce:

ACCESSO	ELABORAZIONE	(C.) INTERIORE
1. VISIVO	AUDITIVO	CENESTESICO
2. VISIVO	CENESTESICO	AUDITIVO
3. AUDITIVO	VISIVO	CENESTESICO
4. AUDITIVO	CENESTESICO	VISIVO
5. CENESTESICO	VISIVO	AUDITIVO
6. CENESTESICO	AUDITIVO	VISIVO

Sono sei strategie che, come vedremo in seguito, si collegano con l'Enneagramma e ci permetteranno una rapida individuazione delle personalità. Ogni sequenza coincide con le nove personalità.
In seguito vedremo come sia possibile collegare i Sistemi Rappresentazionali con le tipologie dell'Enneagramma: in questo modo sarà possibile ottenere dei buoni indizi sul tipo di appartenenza.

Capitolo 2
Gestualità e stili comunicativi:
le categorie di Virginia Satir

Ogni persona ha la sua strategia per
vincere nelle relazioni
ma non è detto che sia quella giusta

Virginia Satir, una psicoterapeuta, aveva osservato il modo di comunicare delle persone. Da questa osservazione ha elaborato tre modi di esprimersi, tre diversi modi di essere durante un'interazione comunicativa: ACCUSATORE, PROPIZIATORE e SUPERLOGICO. Nei tre stili comunicativi esamineremo il comportamento generale, le risorse che possiedono e come decodificarle dalla gestualità.

ACCUSATORE
Questa tipologia si esprime in modo **deciso** e **penalizzate**. Tende a non ascoltare quello che dice il suo interlocutore ma a **imporre il proprio punto di vista**. Generalmente tende a **esordire con il "No"**, utilizzando un atteggiamento polare nelle risposte. La sua **postura è eretta**, la respirazione è alta, come anche il suo tono di voce e tende a gesticolare verso l'alto. La sua comunicazione non verbale si esprime con **l'indice puntato**, il **pugno chiuso** o la **mano rigida** che tende a fendere l'aria come una "spada". In pratica è il classico atteggiamento di chi accusa un'altra persona senza porsi in accordo.

Le tipiche frasi di un Accusatore sono: «Non fai mai niente di giusto!», «Con te non c'è niente da fare!», «Qual è il problema con te?», «È un tuo errore!».
Il comportamento è di attacco nei confronti degli interlocutori, **giudicante, dittatoriale** e sempre **alla ricerca degli errori altrui**.
La sua risorsa è **l'Assertività**. Infatti, sa imporsi nelle situazioni ed esprimere il suo punto vista.
L'Accusatore ama il ruolo attivo nelle relazioni; se vi ponete in maniera aggressiva o assertiva rischiate il conflitto. Ponetevi passivamente e concedetegli, entro certi limiti, l'iniziativa nel dialogo e nelle decisioni.

PROPIZIATORE

Questa tipologia è diametralmente opposta a quella vista in precedenza: si esprime sempre in accordo e tende a essere disponibile rispetto a quanto dice il suo interlocutore **esordendo con il "Sì"**. La sua **postura è inerme,** esprime **accoglimento**, ha una respirazione bassa e ha la tendenza a toccare il suo interlocutore in modo **avvolgente**. La sua comunicazione non verbale si esprime attraverso segnali di contenimento, avvolgenti, dispone entrambe le mani in posizione unita a formare un **triangolo** e il **palmo delle mani rivolto verso l'alto** in segno di accoglienza. In poche parole il suo atteggiamento esprime ricezione e accoglienza. Nella conversazione tende a condividere il punto di vista del suo interlo-

cutore. Questo non significa completa sottomissione. Infatti, supponiamo che un Propiziatore esprima accordo nei vostri confronti per andare in un determinato luogo. In un secondo momento potrebbe proporvi qualche altro posto. È una modalità comunicativa per ottenere quanto desiderato.
Le tipiche frasi di un Propiziatore sono: «Ho sbagliato io!», «Ho bisogno di te!», «Sono qui per farti felice!», «Non preoccuparti, penso io a tutto il da farsi».
Il comportamento è **dipendente** e in alcuni casi **vittimistico**. Tende a **esprimere scuse** e, a volte, tende a essere "**piagnucolone**".
La sue risorse consistono nel saper **prendersi cura degli altri** e nella capacità di **creare empatia** con gli interlocutori.
Il Propiziatore tende a prediligere un ruolo passivo nella relazione; quindi mostratevi decisi e assertivi nell'esprimere le vostre opinioni.

SUPERLOGICO

Questa tipologia utilizza moltissimo la **logica** come strumento per mettere "all'angolo" il proprio interlocutore. La **razionalità** è il pilastro con cui analizza e vive la sua esperienza. Tende a usare moltissimo il **"Perché"** come strumento di **interrogazione e analisi**. La sua postura esprime **controllo dei muscoli**, quasi come s'avesse un tubo di acciaio nel corpo, tende a controllare ogni micro-movimento risultando goffo nel suo modo di agire. La respirazione si svolge ad altezza media. La sua comunicazione non verbale **esprime il segno del cerchio**,

dell'"Ok", inscrivendo nell'aria delle circonferenze con le mani. Ha la tendenza a toccare oggetti e interlocutore a "pinza" ovvero senza avvolgere completamente con la mano.
Le frasi del Superlogico tendono a essere lunghe e articolate. Le tipiche esclamazioni sono: «Bisogna essere razionali-obiettivi», «È importante essere intelligenti!», «Perché hai fatto questo?», «Quello che dici non è logico!».
Il comportamento di un Superlogico è **rigido**, **autoritario** e **ogni suo gesto è razionale**. Utilizza le argomentazioni logiche in maniera **manipolativa**.
La sue risorse sono **l'intelletto** e **l'obiettività**.
Con il Superlogico, generalmente, dovete avere un approccio puramente razionale e basato su fatti obiettivi e concreti. Evitate di imporvi con violenza o di convincerlo facendo presa sulla sua parte emotiva: siate razionali e argomentate il vostro punto di vista in maniera obiettiva.

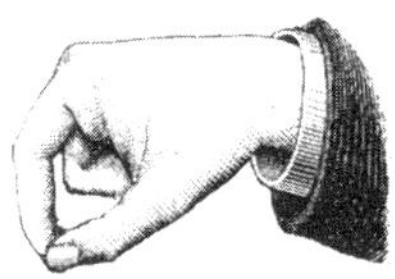

Esiste un collegamento con quanto visto nei capitoli precedenti: Accusatore, Propiziatore e Superlogico si collegano con i Sistemi Rappresentazionali (Visivo, Auditivo e Cenestesico) e in particolare, con il **Canale di Accesso alle Informazioni (canale preferenziale)**.

TIPOLOGIA	CANALE PREFERENZIALE
ACCUSATORE	VISIVO
PROPIZIATORE	CENESTESICO
SUPERLOGICO	AUDITIVO

Grazie a questo collegamento sarà estremamente facile individuare il sistema rappresentazionale preferenziale del nostro interlocutore. Ad esempio, se tende a esprimersi con l'indice puntato (Accusatore) molto probabilmente il visivo è molto presente in lui. Quindi, grazie alla comunicazione non verbale è possibile anche individuare il canale preferenziale di chi abbiamo di fronte.

Capitolo 3
Enneagramma

La mappa non è il territorio
Presupposto della PNL

Le sue origini affondano in tempi lontani e attualmente sono ancora ignote. Alcuni pensano che derivi dalla Cabala ebraica ed effettivamente hanno una serie di elementi in comune: la Cabala è formata da una serie di centri con precise caratteristiche che tendono a coincidere con le qualità degli enneatipi. Altri, invece, lo fanno risalire ai Sufi, un antico ordine religioso del Medio Oriente. Sono state anche trovate delle tracce negli insegnamenti di Pitagora. Infatti, L'Enneagramma era la nona figura geometrica delle dieci contemplate nella scuola Pitagorica. Non si hanno le idee ben chiare riguardo i suoi "inventori". La sua conoscenza nel mondo occidentale è dovuta a George Ivanovich Gurdjieff, un caucasico che introdusse nell'Occidente questo sistema in un'epoca in cui a stento circolava l'idea sull'inconscio elaborata da Freud. Gurdjieff era considerato un mago e i suoi insegnamenti erano accettati più per fede che per meriti scientifici. Per molto tempo questa tecnica venne considerata puramente esoterica, alla stregua dell'oroscopo. Solo da pochissimo tempo ci si è resi conto della sua validità scientifica e di quanto sia efficace rispetto ad altri sistemi di indagine psicologica.
Ma, cos'è l'Enneagramma?
Si tratta di un sistema costituito da una figura a nove punte inscritta in un cerchio. Ogni punta rappresenta una personalità (no-

ve per l'appunto). Per essere precisi, la figura è costituita da un triangolo e un esagramma irregolare. La figura geometrica mostra dei collegamenti tra le varie figure e, come vedremo in seguito, non è un caso. A prescindere dalla forma, l'Enneagramma afferma che ogni persona quando viene al mondo incontra delle difficoltà. In base agli ostacoli che incontra adotta una strategia di sopravvivenza. È come se scegliesse una risorsa rinunciando ad altre otto disponibili. Infatti, ogni personalità ha delle risorse e dei lati negativi; non esiste una tipologia peggiore o migliore: ognuna ha pregi e difetti e ha qualcosa da imparare dalle altre. Infatti, se noi ci ostiniamo a rimanere nella nostra figura, rinunciamo a una maturazione. Adottare un paio di strategie al massimo è estremamente riduttivo. Quando ripetiamo costantemente un comportamento ci incanaliamo in un binario comportamentale da cui non riusciamo a sfuggire. Il comportamento coatto è chiamato *compulsione* ed è da questa che si forma ogni figura dell'Enneagramma. Ogni personalità ha un comportamento coatto, di cui non può fare a meno e che individua la macro struttura psicologica. Nelle pagine seguenti esamineremo ogni personalità, la loro storia familiare e quali sono i loro comportamenti coatti. Inoltre esamineremo il loro comportamento in base al fatto se le loro compulsioni sono estremizzate o risolte. In poche parole esamineremo il loro grado di maturità (Disintegrato, Intermedio e Integrato). Ad esempio, un Tipo Uno Integrato avrà dei comportamenti diversi rispetto a un altro Uno Disintegrato. Inoltre, ogni persona pone la sua attenzione a un particolare ambito della sua vita. Queste aree sono tre: Sessualità, Gruppo di Appartenenza e Autoconservazione (Sottotipi). Ognuno di noi si sente in parte danneggiato in una di queste tre e dirige le sue energie in quel punto. In base all'area in cui focalizza le sue energie possiamo avere diverse sfumature di personalità, anche se fanno capo alla medesima figura dell'Enneagramma.

A volte l'Enneagramma è accusato di "incasellare" gli individui in un tipo di personalità. Questa accusa è rivolta solo da chi non ha capito il suo funzionamento. Infatti, Gurdjieff affermava che se noi

ci riconosciamo solo ed esclusivamente in una personalità, vuol dire che abbiamo qualche problema. Si parte da una tipologia per poi integrarsi con le altre. Ad esempio, quanti di voi, per risolvere un problema, hanno pensato di emulare qualche conoscente che è riuscito a risolverlo? Questo significa integrare nel proprio essere una nuova strategia. È difficile che una persona si riconosca solo in un tipo in quanto, maturando e crescendo, si tende a integrare alcuni aspetti delle altre. La personalità di origine rimane la stessa ma si arricchisce con le altre.
Potete rendervi conto di quanti elementi bisogna tenere in considerazione in sede di analisi di una tipologia. Il primo passo consiste nell'individuare la figura, poi tenere conto del livello di maturazione e del sottotipo di appartenenza.
In ogni capitolo inerente le figure dell'Enneagramma saranno indicati i loro specifici **canali di accesso ed elaborazione**. In questo modo sarà possibile individuare le tipologie grazie alla decodifica della strategia inconscia.

L'ENNEAGRAMMA

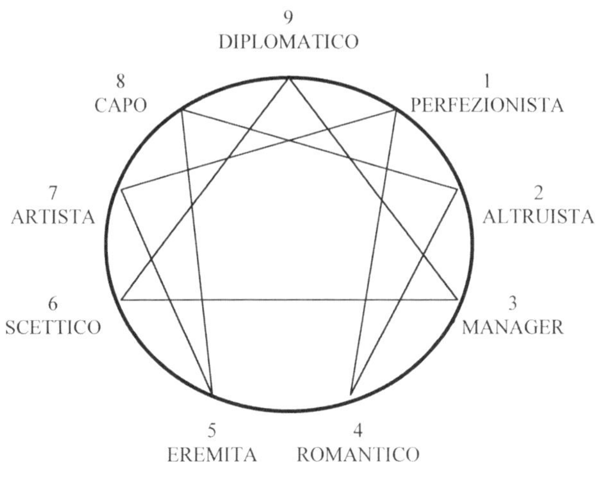

ENNEAGRAMMA
E SISTEMI RAPPRESENTAZIONALI

Nella tabella sottostante troverete la combinazione tra sistemi rappresentazionali e tipologie dell'Enneagramma. La prima lettera rappresenta il Canale di Accesso mentre la seconda il Canale di Elaborazione. Ad esempio. Perfezionista – VA. V = Visivo in Accesso; A = Auditivo in Elaborazione.

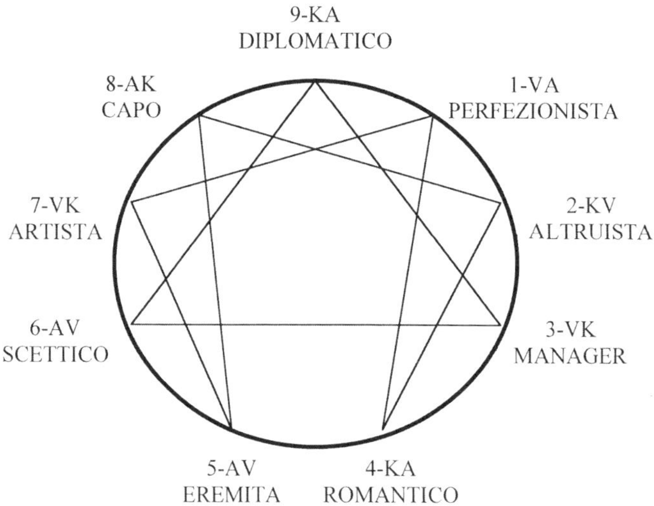

TIPO I

PERFEZIONISTA
MOTTO: *FARE LE COSE PER BENE*

TRATTI IDENTIFICATIVI SINTETICI
- Amanti della perfezione, della logica e dei dettagli.
- Sono ben organizzati e puntuali agli appuntamenti.
- Esercitano un forte controllo sulle loro emozioni.
- Per loro esiste un'unica strada giusta da seguire.
- Sono critici e giudicanti

ORIGINI FAMILIARI

Il tipo uno dell'Enneagramma nasce da una storia familiare caratterizzata da adulti che hanno premiato il bambino quando ha "fatto le cose per bene", secondo gli standard sociali e lo hanno **aspramente criticato quando ha contravvenuto alle regole del sistema**. Per sistema dobbiamo intendere non solo quello sociale ma anche il sistema di regole interne familiari. È la classica storia del *bravo bambino*, del *ragazzo per bene*. Fin qui niente di male. Il problema è che nel bambino si installa un critico interno che lo sorveglia costantemente, minacciandolo di punizioni nel momento in cui non rispetta le regole. Per reagire alle critiche capisce che deve tendere verso la perfezione, fare tutto secondo le regole, in modo che nessuno possa mai più criticarlo.

PROFILO GENERALE

I Perfezionisti fanno di tutto per rispettare le regole, per non contravvenirle, anche a costo di sopprimere le esigenze più profonde della loro parte emotiva. Infatti sono la tipologia che più soffre di somatizzazioni in quanto tendono a reprimere l'emozionalità. Sposano degli ideali di perfezione che difendono a ogni costo; reprimono la rabbia e gli scoppi di ira in quanto percepite come emozioni imperfette e negative. Ma quando qualcuno non rispetta i loro ideali, hanno il giusto pretesto per esprimere tutta l'energia emotiva compressa provando un'esperienza liberatoria. Un buon consiglio per i perfezionisti è di andare in un *deserto* e gridare con tutta la loro forza. Il livello di somatizzazione è così alto che se, per esempio, hanno una scadenza importante, perdono terribilmente l'appetito, hanno dolori di stomaco o mal di testa. È come se mettessero in cantina tutte le emozioni giudicate imperfette. Alla fine questa cantina trabocca con il rischio di esplodere. Infatti, se non trovano dei compromessi e non riescono a far esplodere le emozioni represse (arrabbiandosi, gridando, ecc.) la cantina si apre dando luogo (in casi particolarmente esagerati) alla cosiddetta personalità a "scomparti": rispettano le regole e poi trovano dei modi per esprimere tutte le loro pulsioni (maestro di giorno e rapinatore di notte, moralista di giorno e spogliarellista di notte). In altri casi, invece, quando si trovano in ambienti in cui non vi sono persone che possono criticarli, che non fanno parte del loro giro abituale di conoscenze, liberano tutto quello che hanno represso, vivendo senza il rispetto delle regole. Naturalmente questo non succede nell'ambiente in cui abitualmente vivono, in quanto cercano sempre di dare un immagine di sé rispettabile e onesta. Hanno la tendenza a voler sempre aver ragione senza neanche prendere in considerazione che forse hanno torto. Questo avviene perché credono di essere perfetti, che è la loro tentazione. Infatti, le loro credenze e opinioni sono il frutto di una serie di ragionamenti che tendono verso la perfezione; per questa ragione pensano di essere nel giusto. Cercano sempre di fare le cose con precisione, perfezione e si chiedono se potevano farle meglio. Questo li porta a prediligere obiettivi con lunghe scadenze in quanto possono avere tutto il tempo per fare le cose per bene, senza il minimo errore. Infatti, vanno in crisi quando devono prendere decisioni immediate in cui non hanno modo di poter studiare la soluzione perfetta. Tendono a essere intolleranti e rigidi verso coloro che non condividono i loro ideali sviluppando un'intolleranza di fondo verso chi non ragiona come loro. Inoltre, sviluppano anche una forte sensibilità alle critiche innescando meccanismi di proiezione verso gli altri: quando avvertono inconsciamente che possono essere criticati, criticano per primi cercando dei lati negativi nell'altro in modo da non essergli inferiori. Cercano di essere sempre i "primi della classe", di essere i "migliori". Si specializzano in alcune aree intellettuali, divenendo degli esperti e padroneggiando la materia studiata. La loro compulsione a migliorarsi fa sì che aumentino le loro conoscenze specifiche: se interessati alle lingue, ne conoscono almeno cinque; se sono dei chirurghi, seguono tutti i convegni e i seminari che riguardano la loro area di intervento. Nelle aree in cui si impegnano, dal tempo libero al lavoro, hanno il costante bisogno di verificare i progressi raggiunti, esigenza difficilmente raggiungibile in quanto cadono in una spirale infinita. Inoltre, entrano in meccanismi di paragone con gli altri in cui ricercano i punti deboli per non sentirsi inferiori. Se l'altro vince, si genera sofferenza in quanto la vittoria altrui causa la loro sconfitta.

RAPPORTO DI COPPIA

Nel rapporto di coppia gli Uno vivono nel perenne timore di nascondere i loro lati oscuri al compagno e questo crea una tensione che cresce con l'avanzare del rapporto.
Quando si è raggiunto il punto critico, cominciano a mettere sotto accusa il partner per paura del rifiuto della fine del rapporto e decidono di chiudere prima che il coinvolgimento sia eccessivo. In genere tendono a mettere su un *piedistallo* l'altro; infatti, per lunghi periodi sono innamorati e il loro critico sonnecchia. Ma quando si sentono minacciati o gelosi si riattiva attaccando le manchevolezze dell'altro.
I Perfezionisti sono di una devozione assoluta quando percepiscono nel compagno sforzo, lotta e buone intenzioni.

DISINTEGRATO

La loro compulsione ad avere sempre ragione è estremizzata. Per loro non esistono vie di mezzo: una cosa o è giusta o è sbagliata. Infatti si sentono più giusti e virtuosi di tutti gli altri. Tendono a iper-controllare la loro collera che paradossalmente li porta a situazioni in cui perdono ogni controllo. Le loro pulsioni represse li conducono ad avere un vortice di pensieri ossessivi, così forti da turbarli. Impegnano tutte le loro forze per dimostrare che gli altri sbagliano in modo da poterli punire senza nessuna pietà.

INTERMEDIO

Provano forti rimorsi quando disobbediscono e contravvengono alle regole. I loro ideali diventano regole a cui tutti devono adeguarsi. Il loro critico interno li porta a prendersi la responsabilità di fare la "cosa giusta" in quanto non si fidano di quello che sono in grado di fare gli altri. In loro si attiva una compulsione che li porta a cercare di raddrizzare i torti quando possono. La spinta a migliorarsi li porta a prefiggersi obiettivi elevanti, tanto che la televisione diventa occasione di istruzione e non di divertimento. Il fatto di credere di avere ragione, li porta a essere molto sicuri di sé. L'ordine e la puntualità sono elementi importanti della loro vita, tanto da redigere precise liste sul da farsi. Il loro lato critico li porta a interrompere gli altri puntualizzando gli errori. È difficile che cambino opinione e sono estremamente suscettibili.

INTEGRATO

Finalmente riescono a esprimere i loro sentimenti in maniera equilibrata raggiungendo un equilibrio psichico. Hanno il senso della realtà e della tolleranza sia verso gli altri che verso se stessi. Abbandonano la loro compulsione a essere perfetti e la superbia della loro opinione in quanto si basano sul reale e non più sull'ideale. Hanno una forte predisposizione ad avere la giusta visione della situazione in maniera da omettere giudizi di valore. La loro integrità ed etica è estremamente equilibrata e le loro regole interne sono costituite da giustizia e verità. Per loro, mentire è impossibile.

ORIENTAMENTO PROFESSIONALE

È portato per tutti quei lavori in cui è richiesta la cura dei dettagli, la programmazione a lungo termine e la possibilità di migliorarsi continuamente. È indicato per attività come: medico-chirurgo, libero professionista nel campo tecnico (ingegnere, commercialista), insegnante in materie tecniche, studi di analisi in marketing, posizioni manageriali con obiettivi raggiungibili nel medio/lungo termine.

MANSIONI APPROPRIATE

- Mansioni che comportano la cura dei dettagli.
- Mansioni di precisione e pianificazione nel lungo termine.
- Mansioni di responsabilità e di concetto.

MANSIONI NON APPROPRIATE

- Mansioni dove è richiesta decisione immediata.
- Mansioni dove si tiene presente l'obiettivo e non i dettagli per raggiungerlo.
- Mansioni di relazione in cui bisogna negoziare con l'interlocutore.

PRINCIPALI SOTTOTIPI

Attenzione focalizzata sul rapporto di coppia: Gelosia.

Sviluppa un particolare controllo nei confronti del partner o amici e teme che i suoi rivali sentimentali possano essere più attraenti e perfetti di lui. Questo dà origine a gelosia e paura di subire una perdita, emozioni giudicate imperfette e per questo motivo represse e non espresse. Questo deriva dalla voglia di idealizzare l'amore perfetto e mette sotto costante vigilanza la "vittima" nella incessante ricerca di segnali di ricerca nei suoi confronti.

Attenzione focalizzata sul gruppo di appartenenza: Inadattabilità.
Hanno una particolare compulsione a volere riformare il sistema ma hanno paura di essere sottoposti a critiche. Tendono a esprimere mezze opinioni: "Sì, però...". Questo meccanismo avviene perché sono rimasti delusi dal gruppo di appartenenza. Quindi criticano il gruppo perché imperfetto e loro stessi in quanto non in grado di adeguarsi.
Attenzione focalizzata sulla sopravvivenza: Scrupolosità / Timore.
La loro attenzione è focalizzata sulla paura di non farcela nella vita. Vedono nell'imperfezione l'errore che porta al fallimento. Hanno la tendenza a interrompersi quando conversano con qualcuno. Sono terribilmente ansiosi in quanto pensano di non poter rispettare la puntualità degli impegni presi, riuscire a mantenere il posto di lavoro, ecc.

SISTEMI RAPPRESENTAZIONALI

Canale di Accesso: VISIVO. Amano ricevere le informazioni sotto forma di immagini, elemento che li stimola moltissimo nell'approccio alla realtà esterna. In un nuovo incontro, ad esempio, badano moltissimo all'impatto visivo dell'immagine del loro interlocutore, elemento su cui basano buona parte del loro giudizio.
Canale di Elaborazione: AUDITIVO. Le decisioni sono estremamente influenzate dall'auditivo e dalla logica. Quando riflettono utilizzano molto questo sistema, elemento che incide nelle loro scelte.

ALCUNE DOMANDE UTILI PER INDIVIDUARE LA TIPOLOGIA

1. Ti piace fare le cose per bene?
2. Ami la precisione e la perfezione?
3. Per te è importante migliorarsi sempre più?

4. Hai degli ideali di perfezione a cui ti piacerebbe che anche gli altri si adeguassero?
5. Tendi a essere intollerante verso l'opinione altrui e a dimostrare che hai ragione?
6. Sei sensibile alle critiche?
7. Hai una vocina interna che ti critica quando non rispetti le regole?
8. Quando esegui un lavoro, pensi che avresti potuto farlo meglio?
9. Per te le cose o sono giuste o sono sbagliate?
10. Prediligi gli obiettivi a lungo termine?

IN UN COLPO D'OCCHIO

IMMAGINE DI SÉ	TENTAZIONE	CIÒ CHE EVITANO	DEBOLEZZA	RISORSA
Io ho ragione	Perfezione	Ira	Sensibilità	Saggezza

TIPO 2

ALTRUISTA
MOTTO: *COMPIACERE PER OTTENERE*

TRATTI IDENTIFICATIVI SINTETICI
- Sono degli ottimi ascoltatori.
- Hanno molte amicizie, elemento fondamentale per la loro vita.
- Prestano il loro aiuto agli altri.
- Sono molto emozionali e cenestesici nelle relazioni (amano il contatto fisico: pacche sulla spalla, abbracciare ecc.).

ORIGINI FAMILIARI

Il tipo Due dell'Enneagramma, da piccolo inconsciamente **comprende che il mondo degli adulti è fatto di aspettative e che se le soddisfa può ottenere affetto**. Questa strategia lo accompagna per tutta la vita e lo porta a sviluppare la straordinaria abilità di sapere cosa si aspettano gli altri e come darglielo.

PROFILO GENERALE

Il tipo Due è la figura più seduttiva fra tutte in quanto adotta strategie inconsce per compiacere le aspettative altrui. I tipi Due non pensano di voler compiacere per sentirsi amati o per ottenere qualcosa. Infatti, vi risponderanno che fanno qualcosa per gli altri perché gli piace farlo e non perché hanno secondi fini. E ne sono pienamente convinti. Quando si relazionano agli altri è come se pensassero: "Sarò amato?". Se non ricevono l'approvazione ricercata entrano in un meccanismo che li porta ad adulare e compiacere la persona che identificano come fonte del bisogno d'amore, alterando se stessi per risultare desiderabili e attuando diversi modi di essere a seconda di quante sono le persone che interessano loro (personalità multi-io). Se qualcuno dice loro di conoscerli bene, pensano che sia impossibile perché conoscono solo una parte di se stessi. Tendono a costruire una rete di relazioni in cui si rendono indispensabili. L'essere indispensabile è forse una delle compulsioni più grosse che un Altruista possa avere. Per esperienza ho trovato due modi di essere Due: uno estremamente rivolto verso gli altri, aiutare e quindi sentirsi amato; un altro rivolto verso se stessi, dove emerge un atteggiamento più subdolo e manipolativo e dove il compiacere è una tattica da utilizzare per ottenere qualcosa. Ma per entrambi essere indispensabile è la tentazione più forte. Come ho detto in precedenza, l'aspetto manipolativo del Due è estremamente interessante: conoscendo le aspettative degli altri, sanno come indirizzarli per soddisfare le loro esigenze. Infatti, compiacciono le persone che sono in grado di materializzare i loro desideri. Inoltre è importante capire che quello che il Due offre è quello che in realtà desidera ricevere. Se i risultati tardano ad arrivare, si attivano dei meccanismi di recriminazione e il Due può rinfacciare all'altra persona quello che ha fatto per lei e fa di tutto affinché i conti tornino pari. La manipolazione nei rapporti interpersonali li porta ad assumere caratteristiche simbiotiche, divenendo complementari a chi hanno di fronte. Quando conoscono qualcuno fanno di tutto per piacergli, "vendendo" un falso sé accattivante per l'altro. Spesso seducono senza rendersene conto: possono starsene seduti a conversare con l'altra persona su argomenti sessuali, lanciando segnali seduttivi impliciti, in abbigliamento provocante, senza rendersi conto di quello che stanno facendo: «Gli altri fraintendono!» è una delle frasi che ho spesso sentito dire da tipi Due donne che si lamentavano del fatto che molti uomini credevano che volessero andare a letto con loro.

Nei casi più disperati i Due sanno come colpire l'altro per aumentare la loro dipendenza. Lo colpiscono nei loro punti più deboli, facendolo cadere in crisi depressive e poi sono pronti a tendere la mano per aiutarlo: «Non ti preoccupare, ci sono qui io!».

RAPPORTO DI COPPIA

Per i tipi Due è importante piacere a tutti i costi e sono sempre attenti a ricevere segnali di approvazione. Lanciano continui messaggi seduttivamente velati e amano sentirsi desiderati sessualmente, ma questo non significa che amino avere rapporti occasionali. Infatti, quando poi l'altra persona cerca di concretizzare il rapporto, i Due scappano e si ritirano. Quello che li motiva è il fatto di sentirsi desiderati. Nella prima fase di un rapporto sentimentale, il tipo due sfodera tutte le armi di seduzione. Non pensa se l'altra persona è adatta a vivere con lui, ma la sua attenzione è focalizzata sul fatto di sedurla. Solo dopo, quando la ha conquistata completamente, pensa: «Ora vediamo cosa significa vivere con lei». Il loro punto debole è la logica. Pensano che se la usano possono sbagliare, quindi per loro è molto meglio agire secondo il cuore e le emozioni. La loro capacità di compiacere li porta a una falsa convinzione di libertà: «Posso manipolarlo come voglio per tutta la vita!» e non si rendono conto che invece diventano schiavi dell'altro. Infatti, quando il loro vero Io emerge con tutte le richieste rimaste inevase per tanto tempo, si sentono in trappola e privati della libertà. A questo punto fanno di tutto per liberarsi dell'altra persona non soddisfacendo più le sue richieste: "Sedotta e abbandonata!". Le cose cambiano se è l'altra persona a dare segnali di non gradimento, facendo percepire di non provare più emozioni di interesse nei loro confronti: «Perché non gli piaccio più?» è il pensiero ricorrente in questa fase e faranno di tutto per riaggiudicarsi l'approvazione altrui. Infatti, l'Altruista perde interesse verso l'altro quando ha la completa certezza di averlo sedotto e di averlo nelle sue mani, ma le cose cambiano se è l'altra persona a non dargli questa certezza. Spesso i Due s'imbarcano in triangoli amorosi in quanto questo permette loro di sperimentare più aspetti dell'Io. Inoltre, il fatto di poter essere i prediletti *nascosti* di qualcun altro li stimola molto. Se il compagno segreto è sposato non vogliono che s'interrompa il matrimonio, in quanto è proprio la non disponibilità che li attira e li fa sentire speciali. Nel rapporto di coppia la parola magica è "Sfida" in quanto è qui che possono dimostrare al meglio le loro capacità seduttive. Più la sfida è difficile, più il Due annulla se stesso per conquistare l'altro. Infatti, questa rappresenta la fase più eccitante del rapporto.

DISINTEGRATO

Per ottenere l'affettività arrivano a manipolare gli altri giocando abilmente sui sensi di colpa. Si presentano come guaritori del male che loro stessi hanno inflitto. Quando sentono che la persona amata sta per abbandonarli, riaprono ferite del passato e cadono in un meccanismo di rinfacciamenti, ricordandole tutto quello che hanno fatto per lei. Le loro richieste di amore raggiungono livelli esasperanti.

INTERMEDIO

Quando conoscono delle persone fanno di tutto affinché s'instauri un'amicizia e, per ricevere amore, compiacciono. Adottano dei sistemi subdoli e nascosti per attirare l'attenzione e s'intrufolano negli affari altrui. Traggono felicità quando i loro amici hanno bisogno di loro e non quando scoprono che possono farcela da soli. Sono egocentrici dietro una maschera di modestia e non perdono occasione per mettersi in mostra.

INTEGRATO

Sviluppano altruismo in maniera disinteressata e non pretendono amore in cambio di quello che fanno. Per loro è importante fare del bene e non importa che lo facciano loro o qualcun altro, perdono la compulsione a essere indispensabili. Infatti, non si vantano di quello che fanno. Sviluppano empatia e riescono a mettersi nei panni degli altri. Nelle situazioni critiche sono straordinari in quanto si può contare sul loro aiuto concreto. Per gli altri si "fanno in quattro" anche a costo di grossi sacrifici.

ORIENTAMENTO PROFESSIONALE

Per la sua predisposizione ai rapporti interpersonali è un buon "vice". Può svolgere mansioni segretariali, impegnarsi in tutti i lavori socialmente utili che permettono di ricevere affetto e riconoscimenti per il lavoro svolto, è un buon Public Relation e Customer Service.

MANSIONI APPROPRIATE

- Ambiti relazionali.
- Mansioni in cui vi è la possibilità di "aiutare il prossimo".
- Buon "braccio destro" nella gestione di un team in quanto si focalizza nel soddisfare le aspettative altrui.

MANSIONI NON APPROPRIATE

- Pianificazioni dei dettagli.
- Mansioni da svolgere in autonomia.
- Mansioni in cui non vi è la possibilità di ricevere apprezzamenti per il lavoro svolto.
- Direzione di un team estremamente eterogeneo (la diversità di aspettative dei singoli non gli permette l'individuazione di un punto comune).

PRINCIPALI SOTTOTIPI

Attenzione focalizzata sul rapporto di coppia: Seduzione/Attacco.

Le sue energie sono focalizzate sul fatto di ricevere costantemente segnali di simpatia. Ha la tendenza a dominare e sa sempre cosa è meglio per gli altri. Si vanta di poter sedurre chi voglia e non appena ci riesce usa tutte le sue strategie per *incastrarlo* nel suo gioco.

Attenzione focalizzata sul gruppo di appartenenza: Ambizione.

Ambiscono ad avere un ruolo importante nella vita di persone significative. Hanno un forte intuito nell'individuarle e cercano di avvicinarle. Preferiscono muoversi dietro le quinte di persone di prestigio compiacendole e far parte di circoli socialmente elevati per poi vantarsene.

Attenzione focalizzata sull'istinto di sopravvivenza: Privilegio.

Pensano di meritare dei privilegi in cambio del loro compiacimento. Questo li spinge a fare di tutto per arrivare per primi, per essere davanti agli altri. Estremamente orgogliosi fanno di tutto per non chiedere aiuto. Prediligono le posizioni privilegiate e invece di badare direttamente alla loro sopravvivenza, compiacciono quelli che possono farlo per loro.

SISTEMI RAPPRESENTAZIONALI

Canale di Accesso: CENESTESICO. Si relazionano alla realtà esterna utilizzando il cenestesico, le sensazioni che percepiscono. In un nuovo incontro badano molto alle sensazioni che l'altro fa provare. Sono stimolati da tutti coloro che sono emozionali nei rapporti interpersonali.

Canale di Elaborazione: VISIVO. Le decisioni sono estremamente influenzate dal visivo. Quando ragionano e riflettono, utilizzano le immagini, elemento che influenza le loro scelte di vita.

ALCUNE DOMANDE UTILI PER INDIVIDUARE LA TIPOLOGIA

1. Tendi a soddisfare le aspettative degli altri?
2. Ti piace essere indispensabile?
3. Tendi ad aiutare gli altri?
4. Ami avere tante amicizie?
5. Quando fai qualcosa per gli altri, profondamente ti piacerebbe avere qualche segnale di affetto nei tuoi riguardi?
6. Se ti è data la possibilità di scegliere tra dieci o cento nuovi potenziali amici, preferisci l'ultima ipotesi?
7. Pensi che se usi la logica nei rapporti, puoi sbagliare?
8. Hai modi diversi di porti in base a chi hai di fronte?

9. Quando il gioco della seduzione diventa troppo stretto, tendi a tirarti indietro?
10. Ti piace ottenere le cose in maniera indiretta, facendo dei favori a chi può fartele ottenere?

IN UN COLPO D'OCCHIO

IMMAGINE DI SÉ	**TENTAZIONE**	**CIÒ CHE EVITANO**	**DEBOLEZZA**	**RISORSA**
Io sono indispensabile	Affetto	Bisogno	Pensiero Analitico	Compassione

TIPO 3

MANAGER

MOTTO: "*VIVERE PER IL SUCCESSO!*"

TRATTI IDENTIFICATIVI SINTETICI
- Orientati al successo
- Curano la loro immagine proiettando un'immagine positiva e attraente.
- Lavoratori instancabili (iperattivi).
- Buoni pianificatori.
- Quando devono ottenere qualcosa agiscono immediatamente e senza pensarci troppo.

ORIGINI FAMILIARI

Il Manager nasce da una storia personale basata sui successi ottenuti. **Ogni volta che il bambino otteneva un successo, i genitori gli conferivano amore sotto forma di premio**. Invece, tutte le volte che falliva, ne veniva privato. Il dolore per il fallimento mette in moto una strategia di sopravvivenza particolare: **il bambino impara che sarà amato se ottiene successo**. Quindi in lui si crea un'equivalenza complessa: amore = successo. Di conseguenza capiscono che per essere apprezzato deve annullare i suoi sentimenti personali e concentrarsi sull'immagine esterna che gli garantisce riconoscimento.

PROFILO GENERALE

Tutte le sue attività sono rivolte ad aver il miglior risultato possibile. Questo lo porta a divenire iperattivo. Si pianifica la giornata con largo anticipo (settimane o addirittura mesi) ed è impensabile avere dei momenti di vuoto. Persino le vacanze sono ritenute inutili se non sono mirate a un obiettivo: le vacanze studio, ad esempio, stimolano molto i tipi Tre. Ma il successo si ottiene all'esterno: comprende che bisogna incarnare i valori sociali per risultare graditi alla società. Infatti, il Manager soffoca i valori personali per sostituirli con quelli che richiede il gruppo in cui vive. Per conquistare l'ammirazione di tutti si comportano come *pavoni* che, alla buona occasione, aprono la coda e mostrano tutti i colori possibili e immaginabili. Enfatizzano quello che fanno nella vita a volte gonfiando agli occhi degli altri le loro attività: "viaggio spesso a New York per lavoro!", mentre, magari ci sono stati una sola volta. Non è falso ma non è neanche propriamente vero. Non è che mentano esageratamente: raccontano piccole bugie che permettono loro di aprire meglio la loro coda colorata. L'immagine per loro è importante: vestiti firmati, orologi costosi e alla moda, macchine che simboleggiano lo status sociale raggiunto, palestre alla moda e tutti i simboli che possono rappresentare un uomo o una donna che ha successo nella vita. Questo meccanismo viene applicato anche a chi li circonda: amici simpatici e conformi agli standard sociali da poter mostrare in giro; compagna o compagno che siano sempre all'altezza della situazione, belli e di rappresentanza. Nei rapporti intimi si comportano secondo i valori sociali, incarnando il prototipo dell'uomo o della donna del nostro tempo.

Tutta la loro vita è un luccicare di successo, lavoro (con cui spesso si identificano) e iperattività. Ma cosa succede se a un certo punto non hanno più niente da fare? Qui cominciano i guai in quanto sentono che il loro lo comincia a venire a galla, ormai libero dall'iperattività che fino a quel momento lo aveva tenuto quieto. E se i valori profondi non coincidessero con quelli assunti per farsi belli nella società? Il tipo Tre farà di tutto per ricominciare ad agire e rimettere a tacere le sue esigenze profonde. Non può permettere di mettersi in discussione, altrimenti tutto quello che ha costruito fino a quel momento andrebbe distrutto. Contro la depressione e i problemi esistenziali hanno una cura formidabile: agire, pianificare e poi ancora agire. È la figura che più incarna il pensiero positivo: «Poniti un obiettivo e raggiungilo!». Infatti, hanno il dono del cosiddetto "pensiero convergente": quando hanno una meta da raggiungere, staccano la spina dei pensieri e partono con tutte le loro forze per conquistarlo. Per questo motivo prediligono gli obiettivi a breve termine e non quelli a lungo termine che richiedono un'estrema pianificazione e poca azione. La loro volontà è proverbiale. Sono convinti che con la forza di volontà si possa fare tutto nella vita e in parte hanno ragione. Una classica frase di un tipo Tre potrebbe essere: «La volontà è più importante dell'intelligenza. Se hai volontà riesci in tutto!». Si vedono come persone equilibrate e psicologicamente sane, cosa che non pensano degli altri. Infatti, un Tre non integrato non ascolta le critiche in quanto pensa che queste nascano da invidie nei suoi confronti. Reputano dei perdenti coloro che a causa della loro emotività non riescono a raggiungere il successo. Per loro non è possibile mettersi in discussione in quanto nel loro vocabolario la parola "fallimento" non è contemplata e fanno di tutto per evitarla. Alcuni Tre sono terrorizzati dalla possibilità di un crack economico, e cercano di accumulare denaro in quanto visto come mezzo per mantenere il successo nel futuro. Per evitare il fallimento rifiutano tutti quei compiti in cui le possibilità di successo sono scarse e prendono in considerazione solo quelli in cui sanno di poter conseguire il miglior risultato possibile. Prediligono gli ambiti lavorativi in cui possono sfoderare tutto il meglio della loro immagine e dove possono raggiungere i massimi vertici aziendali. Infatti, non accettano quei lavori dove non vi sia la possibilità di carriera. Quando si relazionano con gli altri infondono sicurezza. Questa, però, diventa un'arma a doppio taglio in quanto attirano a sé tutte quelle persone che hanno problemi esistenziali. La nazione che più simboleggia i tipi Tre sono gli Stati Uniti d'America: immagine, lavoro, obiettivi ben in vista e pensiero positivo.

RAPPORTO DI COPPIA

Nei rapporti intimi tendono a impersonare il simbolo sociale prevalente, la donna o l'uomo universalmente riconosciuto dalla società. Quindi, estremamente moralisti e tradizionalisti, sono alla ricerca di un partner bello/a da presentare in giro, come un "bene di lusso" poco raggiungibile dagli altri, e che abbia una buona reputazione. Nei rapporti con il compagno/a tendono a incarnare i valori sociali prevalenti nella società: «Il matrimonio e la famiglia sono la cosa più importante», «La religione è sacra!».

DISINTEGRATO

Per loro il fallimento e l'umiliazione sono l'incubo peggiore. Questo li spinge a essere persino sleali pur di acquisire superiorità sugli altri. Sono i classici arrivisti e opportunisti capaci di cambiare bandiera e vendersi pur di arrivare in cima. La loro attenzione è focalizzata sul fatto di prendere tutto il possibile dagli altri per poi lasciarli delusi e abbandonati. Fanno di tutto per mostrarsi equilibrati psicologicamente accusando gli altri di non esserlo. Anzi, li spingono a essere depressi e ansiosi causando atteggiamenti autodistruttivi. Hanno una facilità innata nel troncare le relazioni sentimentali comportandosi come niente fosse successo. Non hanno il dono dell'empatia, elemento che non permette loro di avere il senso della misura quando infliggono danni, a volte gravissimi, alle altre persone. Anzi, il danno inflitto li fa sentire superiori. Sono le classiche persone che non si fermano davanti a niente e a nessuno.

INTERMEDIO

La competizione è la loro passione in quanto li fa sentire superiori agli altri e meritevoli di ammirazione. Tutto quello che fanno è in funzione della competizione e della vittoria finale. I loro rivali ostacolano il loro successo e sono quindi persone da combattere senza nessuna pietà. Per questo motivo amano la compagnia di chi reputano inferiore a loro e che non offusca la loro immagine davanti agli altri. Il successo è l'obiettivo che inseguono senza pensare a nient'altro. Per la carriera sacrificherebbero la famiglia e il matrimonio; tutte le relazioni che curano sono in funzione di essa. Migliorano costantemente la loro immagine, ma non il sé interiore. Per loro è importante che l'immagine sociale esterna non si deteriori; usano la simpatia come abile mezzo per conquistare gli altri e non hanno la concezione di valori interni ma solo di quelli sociali. Se prestate attenzione a quello che dice un tipo Tre noterete che il suo argomento di conversazione è "se stesso". Se il narcisismo non è appagato diventa ostile.

INTEGRATO

Finalmente si accettano rinunciando all'assertività a tutti i costi e all'ammirazione degli altri. Finalmente si crea una convergenza tra la loro immagine e la realtà. Le loro energie sono focalizzate sul miglioramento personale e non cadono più nella mediocrità. Sviluppano la capacità di stimolare gli altri a migliorarsi. La simpatia come mezzo di conquista è sostituito da un sano umorismo e finalmente diventano autocritici. Inoltre si concentrano sul miglioramento del loro aspetto fisico. Tutte queste qualità, paradossalmente li portano a ottenere con naturalezza quello che hanno inseguito nelle fasi di Disintegrazione e Intermedia: sono socialmente richiesti. Sviluppano energia e motivazione ottenendo il meglio che il loro potenziale può esprimere.

ORIENTAMENTO PROFESSIONALE

Sono adatti ad attività proiettate verso il successo e l'ascesa di carriera, in quanto motivati al miglior risultato possibile in base alle risorse disponibili. Amano la chiarezza e l'efficienza che pongono in essere in ogni loro azione. In ambito lavorativo possono ricoprire posizioni nell'ambito commerciale e gestionali a diversi livelli. L'elemento motivante del Manager-Altruista consiste nella reale possibilità di carriera che costituisce elemento discriminante nelle scelte professionali.

MANSIONI APPROPRIATE

- Mansioni in cui è richiesta azione immediata.
- Ambiti relazionali e di gestione dell'immagine.
- Mansioni di pianificazione nel breve-medio periodo.
- Mansioni in cui gli obiettivi siano basati sensorialmente.
- Hard worker.

MANSIONI NON APPROPRIATE

- Mansioni da svolgere lontano dal pubblico.
- Mansioni di estrema concezione e pianificazione nel lungo periodo.
- Cura minuziosa dei dettagli senza poter agire per il conseguimento dell'obiettivo.

PRINCIPALI SOTTOTIPI

Attenzione focalizzata sul rapporto di coppia: Virilità/femminilità.

Si identificano con l'immagine sessuale del loro tempo e dell'ambiente in cui si trovano. Vedono le conquiste sessuali come importanti simboli di successo. Cercano di essere aderenti al prototipo dell'uomo o della donna del nostro tempo.

Attenzione focalizzata sul gruppo di appartenenza: Prestigio.

Quello cui ambiscono maggiormente è il prestigio sociale. Sono coloro che creano le tendenze sociali e per loro è importante il consenso del gruppo o far parte di circoli prestigiosi. Ogni potenziale obiettivo è valutato sulla base di quanto prestigio sociale fa acquisire.

Attenzione focalizzata sull'istinto di sopravvivenza: Sicurezza.

Il loro incubo più ricorrente è il fallimento o il crack finanziario. Quindi vedono nel benessere e nell'accumulo di beni, una sorta di "salvagente". Per evitarlo sono disposti a sacrifici nel tentativo di aumentare il loro status sociale. Quindi sono focalizzati più sull'aspetto materiale del successo che sulla vanità sociale.

SISTEMI RAPPRESENTAZIONALI

Canale di accesso: VISIVO. Amano ricevere le informazioni sotto forma di immagini, elemento che li stimola moltissimo nell'approccio alla realtà esterna. In un nuovo incontro, ad esempio, badano moltissimo all'immagine del loro interlocutore, elemento su cui basano buona parte del loro giudizio.

Canale di Elaborazione: CENESTESICO. Le decisioni sono estremamente influenzate dalle emozioni e dalle sensazioni (ragionano per "emozioni": «Sento che è la decisione giusta!»).

ALCUNE DOMANDE UTILI PER INDIVIDUARE LA TIPOLOGIA

1. Il successo è la leva che ti motiva nella vita?
2. Il motto "chi dorme non piglia pesci!", per te è giusto?
3. La parola "fallimento" è bandita dal tuo vocabolario e fai di tutto per evitarla?
4. Colpisci duramente i tuoi potenziali rivali?
5. Prendi in considerazione solo i lavori in cui vi è possibilità di carriera?
6. È più importante avere "volontà" piuttosto che "intelligenza"?
7. Ami circondarti di tutti quegli oggetti che proiettano all'esterno un'immagine di successo? (vestiti firmati, auto di lusso, orologi costosi ecc.)?
8. Quando ti poni un obiettivo, stacchi la "spina" dei pensieri e vedi solo la meta da raggiungere?
9. Pianifichi la tua giornata in anticipo e ti dà fastidio avere dei "buchi"?
10. Prediligi gli obiettivi a breve termine invece di quelli a lungo termine?

IN UN COLPO D'OCCHIO

IMMAGINE DI SÉ	TENTAZIONE	CIÒ CHE EVITANO	DEBOLEZZA	RISORSA
Io ho successo	Successo	Fallimento	Saggezza	Volontà

TIPO 4

ROMANTICO

MOTTO: "*SI È IMPORTANTI PER QUELLO CHE SI È, NON PER QUELLO CHE SI FA!*"

TRATTI IDENTIFICATIVI SINTETICI

- Si focalizzano su quello che non hanno nel presente, rimpiangendo quello che hanno perso o che avrebbero potuto avere.
- Tendono a rendersi unici in qualche modo: abbigliamento, stile di vita, lavoro ecc.
- Manifestano la loro creatività tramite qualche forma d'arte: musica, scrittura, comunicazione ecc. (generalmente legate alla sfera auditiva; a volte si riscontrano tipologie che hanno sviluppato il canale visivo: pittura, grafica pubblicitaria ecc.).

ORIGINI FAMILIARI

La tipologia del Romantico nasce da un abbandono ideale o reale. Ovvero, **il bambino vive il distacco dell'adulto che per lui è significativo**, allontanamento che può essere avvenuto o meno, ma che vive come tangibile. Un'altra dinamica di questo tipo è costituita dal **vivere in un ambiente pieno di sofferenze e infelicità** in cui si identifica. In parole povere, il tipo Quattro nasce da una serie di sofferenze, elemento importante che caratterizza la sua vita. Infatti, è proprio nelle sofferenze che vede il *sale che dà sapore alla vita* di ogni giorno. Riesce a trovare una spiegazione positiva per le sofferenze che subisce e a trovare il *meglio in quello che non c'è*.

PROFILO GENERALE

Il tipo Quattro viene indicato come la personalità più incline al masochismo, infatti tende inconsciamente a creare situazioni di sofferenza. Ma analizzando approfonditamente la sua dinamica emerge che non ricerca il dolore, ma l'intensità emotiva, elemento alchemico nelle sue decisioni. Inconsciamente si ritrova in situazioni di sofferenza perché queste creano intensità emotiva. Non riesce a godere del momento presente, ma tende verso un futuro di intense emozioni. Una lezione che il tipo Quattro dovrebbe imparare è di vivere "Qui e Ora"! A livello relazionale è molto simile al tipo Due in quanto ama le relazioni, ma in maniera più strategica: non ha la compulsione dell'Altruista a ricercare molti amici; ama averne pochi con cui instaurare scambi profondi ed emotivi. Il Romantico attua raramente strategie relazionali per creare dipendenze e non è il tipo che fa di tutto per mantenere le relazioni presenti nella sua vita. Si attiva solo quando capisce che sta per perderle; in questi frangenti, in cui si riattiva la paura dell'abbandono infantile, tende a comportarsi come un'Altruista per riconquistare le amicizie perdute. Per questo è una personalità strategica. Si muove al momento giusto, ma non solo: ha un'elevata capacità di analisi in quanto ama andare in profondità nei rapporti relazionali e in ogni situazione che lo stimoli. Odia la superficialità e tutto quello che è legato eccessivamente all'immagine e non a quello che si ha dentro: "Si è importanti per quello che si è, non per quello che si fa!". Si identifica così tanto in questa affermazione che tende ad agire poco. Pensa così tanto a quello che deve fare che finisce per rinunciarvi attivando una spirale di pensieri negativi che poi lo scoraggiano ad agire. Si potrebbe dire che il suo punto debole è la Volontà: *cento ne pensa e, forse, una ne fa*! Questo lo può portare a un'incapacità decisionale. Il Romantico ricerca situazioni estreme e pericolose e solo in queste agisce, ma in maniera sconsiderata e poco responsabile. Ed è proprio nel culmine di queste situazioni estreme che il Romantico sente la vita e le persone più vere.

Pensa di essere originale e unico: ama l'autenticità e cerca di distinguersi dalla massa. Non è che si creda superiore, ma per lui siamo tutti diversi e lui è diverso dagli altri! Questa compulsione lo porta a modificare tutto quello che entra nella sua realtà, creando stimolanti novità dove emerge il suo talento creativo. Questo bi-

sogno di unicità diventa un problema se il tipo Quattro si trova in ambienti stereotipati e "meccanici". Farà di tutto per sfuggire e resistere all'ordinarietà, l'incubo per un Romantico. È la classica persona che ha due lavori: uno per guadagnarsi da vivere e l'altro per essere felice e realizzato. Infatti, una delle sue risorse è la creatività, che influenza anche il suo spiccato e pungente senso dell'umorismo: avendo subìto una serie di sofferenze si rende conto di come la gente soffra per piccoli problemi come, ad esempio, l'impossibilità di comprarsi il nuovo telefonino o la macchina dei sogni. Per questo sa capire lo stato emotivo di chi ha di fronte e stargli vicino. Sviluppa una forte capacità percettiva che gli permette di sintonizzarsi sullo stato emotivo di chi ascolta. Riesce a capire l'alchimia emotiva dei suoi interlocutori da un cambiamento del tono di voce o da qualche sottointeso nel dialogo.
Spesso il tipo Quattro è dipinto come un depresso tendente al suicidio e la sua immagine è quella di un "cane bastonato". Vorrei sfatare questo concetto perché è vero solo nei casi di personalità Disintegrata. In genere il Romantico ha degli sbalzi umorali e quando si profila la perdita della persona amata tende alla depressione. Due sono i tipi di reazione: la chiusura in un atteggiamento depressivo, in un circolo vizioso di sofferenze da cui si pensa di poter uscire fortificati; oppure un'iperattività che allontana dalla sofferenza. Perciò non sempre vediamo dei tipi Quattro depressi e malinconici! Anzi, vivere accanto a un Romantico Integrato è un'esperienza unica: ogni giornata è diversa e alla continua ricerca dell'intensità emotiva.

RAPPORTO DI COPPIA

Il Romantico ha la tendenza a idealizzare troppo la realtà in cui vive, soprattutto le relazioni sentimentali. Mitizza la persona amata, enfatizzando i suoi lati migliori, creando un'immagine mentale di lei che non coincide con quella reale. I problemi sorgono quando le due immagini, reale e ideale, non coincidono: il Romantico farà di tutto per allontanare la persona, evitando che "la sporca realtà" possa infangare l'ideale. Ma quando il partner è stato allontanato, comincia a riaffiorare il trauma dell'abbandono originario e la ricerca di riavvicinare la persona perduta. Insomma, il Quattro tende verso l'irraggiungibile, distruggendo quello che è a portata di mano. Vive nell'eterna attesa del fatidico momento il cui il suo vero Sé potrà aprirsi a questa persona ideale (il più delle volte inesistente), persona catalizzatrice di passioni ed emozioni profonde. È un "Perfezionista" dei rapporti, alla continua ricerca dell'amore perfetto.

DISINTEGRATO

Tendono a sviluppare un odio verso se stessi per tutte le opportunità sprecate, che innesca una spirale che demolisce l'autostima. Sono tendenzialmente apatici, stanchi ed emozionalmente bloccati. Quindi, l'azione è estremamente difficoltosa e l'unica scelta che hanno a disposizione è non fare nulla. Credono che gli altri li disprezzino come loro disprezzano se stessi. Potrebbero sviluppare una tendenza al suicidio, identificato come mezzo per scomparire.

INTERMEDIO

La creatività diventa un mezzo per comunicare con gli altri senza correre il rischio di esporsi direttamente. Hanno la tendenza a idealizzare, elemento che li porta a *staccare i piedi da terra* e a fantasticare un po' troppo. Nelle relazioni sentimentali idealizzano senza tenere conto della realtà. Possono essere timidi e introversi con difficoltà a *scambiare quattro chiacchiere* con gli altri. Quando subiscono un'offesa, l'unico mezzo per reagire è privare il colpevole della loro presenza. Se poi questo non si accorge di niente, si arrabbiano ancora di più; questo è l'unico mezzo di offesa che conoscono. Si ritengono liberi di essere se stessi e dispensati dal vivere come gli altri.

I Romantici hanno un grosso bisogno di intimità, ma la paura dell'abbandono li spinge a "bloccarsi" emotivamente quando la storia sentimentale diviene più profonda. Devono essere del tutto convinti della fedeltà dell'altro per permettergli di accedere *all'ultima porta del loro sé*. Alcuni Quattro parlano di diversi livelli di amore e che solo la persona idealizzata può accedere alla "perla" celata nel loro intimo più profondo.

INTEGRATO

Vivono in contatto con le pulsioni dell'inconscio e hanno la capacità di trasformare le loro esperienze, anche quelle cariche di sofferenza, in qualcosa di meraviglioso. Sviluppano una forte intuizione verso i loro sentimenti e quelli degli altri, comprendendo come pensano e vedono il mondo. Riescono a essere autentici e a esprimere con franchezza ciò che provano. Fanno in modo che gli altri trovino la propria vocazione, la propria strada nella vita senza cercare di controllarli. Hanno uno spiccato senso dell'umorismo, scaturito dal rendersi conto dell'assurdità del comportamento della gente rispetto ai problemi della vita.

ORIENTAMENTO PROFESSIONALE

Gli sono congeniali tutte quelle attività professionali creative dove far emergere il talento, lavori in cui esiste una "particolare" modalità di comunicazione con gli altri: psicologo, formatore, scrittore, giornalista. Possiede buone capacità analitiche in merito alle situazioni in cui deve operare.

MANSIONI APPROPRIATE

- Mansioni di analisi e ricerca.
- Creazione di procedure di lavoro e qualità.
- Esegue i compiti affidatigli a patto che vi sia la possibilità di autorealizzarsi.

MANSIONI NON APPROPRIATE

- Mansioni in cui è richiesta immediatezza di azione e pluralità di obiettivi da raggiungere.
- Mansioni che generano stress ed eccessiva azione.

PRINCIPALI SOTTOTIPI

Attenzione focalizzata sul rapporto di coppia: Competitività.

La stima di sé deriva dal confronto con gli altri. Quindi questo lo porta a sedurre per poi lasciare la "vittima", in quanto la conquista dell'altro è già una sufficiente attestazione di essere alla pari o superiore.

Attenzione focalizzata sul gruppo: Vergogna.

Si sentono incompresi e disprezzati da tutti quelli che loro sono attorno. Hanno continuamente paura che il loro pensiero sia disapprovato. Quindi, per nascondere eventuali manchevolezze, si presentano come animatori straordinari di un gruppo, rendendo eccezionale ogni evento sia professionale che sociale.

Attenzione focalizzata sull'istinto di sopravvivenza: Resistenza.

Fanno di tutto per essere diversi e si oppongono a chiunque cerchi di imbrigliarli nell'ordinarietà o che sbarri la "strada dell'originalità". Si sentono incompresi. Si spingono verso limiti estremi per sentirsi vivi, cercando di essere persone straordinarie disposte ad affrontare qualsiasi situazione.

SISTEMI RAPPRESENTAZIONALI

Canale di Accesso: CENESTESICO. Il mondo circostante è percepito sotto forma di sensazioni ed emozioni. In un nuovo incontro non badano tanto all'immagine dell'altro ma alle sensazioni che percepiscono. Sono stimolati da tutti coloro che sono emozionali e amichevoli nei rapporti interpersonali.

Canale di Elaborazione: AUDITIVO. L'auditivo è estremamente presente nelle loro decisioni. Infatti, la riflessione è estremamente logica, tanto che a volte diviene un ostacolo verso l'azione (ragionano troppo e agiscono poco).

ALCUNE DOMANDE UTILI PER INDIVIDUARE LA TIPOLOGIA

1. Tendi a fare troppi voli di fantasia?
2. Ami la profondità contro la superficialità?
3. Il tuo punto debole è la volontà?
4. Ti ritieni una persona unica?
5. Anche se ti vesti con "quattro stracci", sono accuratamente studiati?
6. Sei un moralista dei rapporti sentimentali?
7. Odi l'ordinarietà?
8. Hai la tendenza a modificare quello che entra nella tua realtà?
9. Tendi ad aprirti e a stabilire forti amicizie con pochissime persone?
10. La sofferenza è un elemento cardine per apprezzare la vita?

IN UN COLPO D'OCCHIO

IMMAGINE DI SÉ	**TENTAZIONE**	**CIÒ CHE EVITANO**	**DEBOLEZZA**	**RISORSA**
Io sono unico	Autenticità	Superficialità	Volontà	Creatività

TIPO 5

EREMITA

MOTTO: *LA CONOSCENZA È POTERE*

TRATTI IDENTIFICATIVI SINTETICI

- Esperti o forti detentori di conoscenze intellettuali.
- Gelosi del loro spazio personale.
- Amanti delle informazioni e del sapere.
- Non amano i ruoli sociali attivi (responsabili dietro le quinte).
- I loro bisogni tendono a essere minimi in quanto sono incentrati sulla raccolta del sapere.

ORIGINI FAMILIARI

L'Eremita nasce da **un'eccessiva invasione da parte dei genitori o fratelli subita nell'infanzia.** Il suo spazio privato era continuamente invaso dagli adulti. Il fatto che il suo territorio non fosse rispettato lo faceva sentire una nullità. Per questo, sviluppa una serie di strategie che lo portano a isolarsi, sia fisicamente che emotivamente, dal contatto con gli altri in quanto lo spazio interiore è l'unico luogo dove non si può essere invasi. Un'altra dinamica che porta alla nascita di questa tipologia è opposta a quella sopraccitata: continuamente lasciato solo, si è creato un suo spazio privato e una dissociazione emotiva da contatti troppo intimi con le persone che lo circondano. In parole povere, il tipo Cinque si sente vuoto dentro a causa di **continue invasioni** o **prematuri isolamenti** che lo portano a divenire precocemente autosufficiente e isolato.

PROFILO GENERALE

Il nome "Eremita" fa pensare a un individuo che vive completamente isolato; non è propriamente vero: qui si intende più un isolamento di tipo emotivo. Ad esempio, un incontro improvviso e troppo ravvicinato con una persona può portarlo a fuggire con qualche scusa. Per colmare il senso di nullità che sente dentro inconsciamente comprende che deve ottenere quante più informazioni possibile, colmare il vuoto con la *conoscenza*. I tipi Cinque sono dei veri e propri divoratori di informazioni: è facile trovarli in libreria o a *scorazzare* su Internet, un vero e proprio mondo sconfinato di conoscenze. Una volta ero con un amico, un Eremita, in libreria. Chiese alla cassa una busta di plastica molto capiente e poi sparì tra gli scaffali. Dopo un quarto d'ora lo ritrovai con almeno una ventina di libri! Il loro bagaglio conoscitivo li porta a ottenere un vero e proprio potere interiore assimilandoli a dei saggi, ma senza che cedano quanto conoscono. Quindi sono dei "falsi saggi", avari nel cedere il loro sapere se non con il contagocce. Quando discutete su un argomento che li interessa molto vi ascoltano con attenzione per carpire ogni minima goccia di conoscenza, ma se chiedete loro qualcosa saranno molto vaghi; oppure vi daranno l'impressione che vi stiano dicendo solo una piccola parte. Hanno un grosso potere in termini di conoscenza, ma non sanno esprimerlo. Infatti, la loro debolezza è proprio l'espressione della potenza che hanno dentro. Il tipo Cinque è spesso accusato di essere avaro: l'avarizia è di tipo intellettuale, ma non solo: un tipo Cinque cerca di mantenere il suo status economico perché vede nell'indipendenza economica il sistema per salvaguardare il suo spazio privato. Spendono molto denaro in tecnologie legate al mondo dell'informazione: internet, enciclopedie multimediali e librerie, ma risparmiano, ad esempio, sui vestiti. Hanno un forte riferimento interno, centrato sul mondo interiore. Infatti vi ascoltano solo quando il vostro discorso può essere fonte di conoscenza e in quel caso vi danno la massima attenzione. Ma nel corso di una normale conversazione, sono centrati su di loro. Passano da un punto all'altro del discorso senza un'apparente connessione logica. La logica che sta dietro è solo loro. In un corso di formazione la loro presenza può essere imbarazzante: se l'argomento li stimola molto, pongono continue domande, non considerando il fatto di interrompere. Durante un corso sull'Enneagramma, un tipo Cinque mi interrompeva senza sosta con domande. La cosa è andata avanti per tutto il giorno, nonstante le continue lamentele degli altri partecipanti. Ha smesso solo quando gli altri componenti del corso lo hanno *minacciato di linciaggio*.

Si vedono molto obiettivi e razionali. È la logica che spiega la realtà e non l'emotività o l'irrazionale (infatti il cenestesico è il loro canale interiore). Studiano una materia solo se ha basi razionali. Ma questo è il loro punto debole: se durante una conversazione fate notare che hanno saltato una parte del discorso, vanno in tilt. Tempo fa un Eremita saltò un intero pezzo del discorso a causa della forte centratura interna. Quando glielo facemmo notare non volle crederci. Solo dopo una serie di testimonianze si rese conto che era accaduto veramente. Reagì come un flipper che va in tilt: era attonito e sconvolto, la macchina della logica non aveva funzionato, aveva saltato un pezzo di informazione. Rimase imbambolato e in crisi per tutta la giornata, tanto che non volle uscire in serata con i compagni di corso.

Amano creare sistemi logici e razionali che spieghino i comportamenti umani. Evitano i rapporti troppo ravvicinati ed emotivamente coinvolgenti. Per questo amano pianificare la giornata nei minimi dettagli, in modo che i loro incontri siano studiati anche in termini di dialoghi sul cosa fare e come interagire. Se un conversazione diventa troppo "stretta" o prende una piega non prevista fuggono con una scusa, per poi studiare a distanza di sicurezza cosa è avvenuto, dentro le sicure mura di casa. Questo non vuole dire che non amano la compagnia. Un mio amico amava creare gruppi di persone numerosi per poi studiarne le dinamiche comportamentali! Infatti, l'Eremita è anche soprannominato l'Osservatore, in quanto ama analizzare le dinamiche e gli eventi senza esserne coinvolto.

RAPPORTO DI COPPIA

Nei rapporti intimi, nella fase iniziale, sono molto distanti. Il partner può pensare che non provino niente, ma non è vero. È la loro modalità. Solo in seguito riescono a *sciogliersi* e in alcuni casi eleggono il sesso come forma di comunicazione non verbale. Quando decidono di far entrare la persona amata nel loro spazio sacro, questa diviene parte integrante di esso. Spesso sono possessivi nei suoi confronti: si tratta di una gelosia fatta di domande stile "inquisizione". Hanno una loro logica particolare che applicano anche nei rapporti sentimentali. Ad esempio, se spariscono per un mese senza dare notizie di sé, pensano che tutto rimanga invariato. Non pensano che durante quel loro mese di assenza l'altro possa essersi stancato di aspettare o di non ricevere notizie e magari avviato un'altra relazione.
Hanno la caratteristica di creare degli "scomparti" tra le amicizie: gli amici con cui si esce la sera non conosceranno mai quelli del lavoro.

DISINTEGRATO

Tendono a prendere le distanze dalla gente, perché pensano di essere odiati nella stessa misura in cui loro odiano gli altri. Credono di essere costantemente sotto sorveglianza da parte di un'autorità superiore (Dio, gli UFO o i servizi segreti). In alcuni casi diventano paranoici: credono di essere perseguitati da tali organismi superiori o addirittura da amici. Per questo devono essere sempre all'erta, con il risultato che dormono pochissimo. Nei casi più disperati si isolano a casa tagliando i legami con la realtà, con il rischio di divenire schizofrenici.

INTERMEDIO

Hanno una compulsione esagerata a ricercare la conoscenza. La realtà diviene un oggetto da sviscerare e studiare in ogni sua parte, perdendo di vista la totalità. Amano il sapere e tutti gli strumenti a esso collegati: computer, Internet, libri ecc. e per essi sono disposti a investire grosse cifre. Cifre, non spenderebbero per se stessi. Gli enigmi e i giochi intellettuali li stimolano molto. Cambiano discorso senza preavviso e saltano da un punto all'altro della conversazione senza un'apparente connessione logica. Il loro sogno è l'onniscienza.

INTEGRATO

Hanno smesso di inseguire la conoscenza come nel caso dell'Intermedio, la sintetizzano creando collegamenti tra discipline e fenomeni a cui nessuno aveva mai pensato prima. Sono degli autentici pionieri intellettuali, che aprono nuove vie. Se lo ritengono opportuno, sfidano i dogmi esistenti nelle loro ricerche. In alcuni casi la potenza rivoluzionaria delle loro idee può cambiare il corso della storia.

ORIENTAMENTO PROFESSIONALE

Prediligono i lavori in piena autonomia, dove vi sia la possibilità di concentrazione e gestione del tempo: lavori di raccolta dati, di bibliotecario, di gestione di flussi informativi.

MANSIONI APPROPRIATE

- Lavori in autonomia all'interno di grandi progetti.
- Mansioni di analisi dei dettagli, progettazione, concentrazione ed estrema razionalità.
- Ottimizzazione dei flussi comunicazionali aziendali.

MANSIONI NON APPROPRIATE

- Mansioni legate all'immagine e al continuo contatto con il pubblico.
- Mansioni in cui è richiesta improvvisazione senza analisi dell'evento.
- Mansioni in cui sono richieste decisioni e azioni immediate.

PRINCIPALI SOTTOTIPI

Attenzione focalizzata sul rapporto di coppia: Fiducia.
Cedono la fiducia solo a pochissime persone che hanno il privilegio di poter entrare nel loro spazio privato. La sessualità è eletta come una sofisticata forma di comunicazione non verbale. *Confidenza* è la parola chiave, in quanto scambiarsi segreti rappresenta un modo per trovare un rifugio in compagnia di persone speciali.

Attenzione focalizzata sul gruppo: Totem.
Per loro è estremamente importante far parte di un gruppo chiuso, un'élite di intellettuali. Cercano il riconoscimento di coloro che eleggono a maestri. Questo per loro è un sistema per accedere direttamente a fonti di conoscenza. Amano le conoscenze simboliche (ad esempio l'Enneagramma), i diplomi e tutti i simboli di potere e sapere.

Attenzione focalizzata sull'istinto di sopravvivenza: Rifugio.
La loro sfera privata è il luogo dove si rifugiano dalle persone e ricaricano le "batterie" per affrontare nuovamente gli "stressanti" incontri con la gente. Ambiscono a divenire padroni di comodi rifugi.

SISTEMI RAPPRESENTAZIONALI

Canale di Accesso: AUDITIVO. Il loro approccio con la realtà esterna è estremamente iperlogico e auditivo. In un nuovo incontro, soppesano le parole e la razionalità del loro interlocutore. Se questo elemento manca, sono poco stimolati nelle relazioni.

Canale di Elaborazione: VISIVO. Le immagini sono una componente importante nelle loro riflessioni e decisioni. Ascoltano chi hanno di fronte e si creano delle immagini mentali.

ALCUNE DOMANDE UTILI PER INDIVIDUARE LA TIPOLOGIA

1. Tendi a volere raccogliere molte informazioni?
2. Per te la realtà è fatta di pura logica e razionalità?
3. Odi gli incontri a sorpresa e un po' troppo "stretti"?
4. Giudichi male le persone troppo emotive?
5. Per te la Conoscenza è importante?
6. Ami tutti gli strumenti che possono accrescere le tue conoscenze intellettuali?
7. Ami osservare le dinamiche di chi ti sta attorno senza esserne coinvolto direttamente?
8. Uno dei tuoi hobby preferiti è leggere/navigare su internet per aumentare il tuo sapere?
9. Tendi a tenere per te o a dare con il contagocce il tuo sapere?
10. A volte pensi di essere sotto l'osservazione di qualcuno, amici o altro?

IN UN COLPO D'OCCHIO

IMMAGINE DI SÉ	TENTAZIONE	CIÒ CHE EVITANO	DEBOLEZZA	RISORSA
Io sono Obiettivo	Sapere	Emotività	Espressione della potenza	Centro di se stessi

TIPO 6

SCETTICO
MOTTO: *FIDARSI È BENE, NON FIDARSI È MEGLIO!*

TRATTI IDENTIFICATIVI SINTETICI
- Amano tutte le situazioni sicure.
- Fortemente indecisi.
- Hanno un comportamento ambivalente e contraddittorio.
- La lealtà e la fiducia sono elementi fondamentali nella loro vita.

ORIGINI FAMILIARI

Immaginate di essere piccoli e in camera vostra. All'improvviso entra vostro padre o vostra madre e vi danno un ceffone, senza un motivo apparente. Il giorno dopo siete a tavola e mentre parlate vi arriva un'altra sberla senza un motivo logico. A un certo punto siete da soli in camera ed entra, ad esempio, vostro padre. Sentite i suoi passi dietro di voi e avete il costante timore che vi arrivi un'altra punizione senza motivo. Magari la motivazione esiste ma non vi dicono qual è; per questo motivo giudicate le punizioni come ingiustificate. «Ma, se non posso fidarmi dei miei genitori, di chi mi posso fidare?». Ecco come nasce uno Scettico. **Una serie di continue punizioni senza una giusta causa da parte di adulti poco affidabili**. Lo scettico nella vita inconsciamente ricercherà una persona o un organismo forte di cui potersi fidare ciecamente e che gli dica cosa fare. Infatti, i tipi Sei reagiscono in maniera spropositata quando fingete di colpirli con uno schiaffo: o saranno preda di una risata isterica (un modo per scaricare la tensione) o vi minacceranno di "picchiarvi a sangue" se continuate a farlo (e lo faranno!).

PROFILO GENERALE

In tutte le sue attività il pensiero fisso è: «Dov'è la fregatura?». Hanno la tendenza a guardare il lato peggiore delle cose, l'aspetto negativo che può portare all'errore. Generalmente tendono a essere pessimisti: "Se prendi l'aereo non puoi salvarti in caso di incidente!", "dopo le otto di sera la metropolitana è un pericolo", "e se nel treno vengono strani tipi in cabina con me?". La paura verso il mondo esterno può arrivare a livelli incredibili di diffidenza: "Quello cerca di fregarmi!", "non vado in macchina con loro perché so che ogni tanto esagerano con gli alcolici", "non mi metto mai vicino ai binari perché qualcuno potrebbe spingermi!". Sviluppano una doppia attenzione, quello che fanno e quello che potrebbe succedere, contemporaneamente! I problemi sorgono quando devono prendere decisioni serie come cambiare lavoro o lasciare la persona con cui convivono perché non sanno se è la cosa giusta. E se sbagliano? E se rimangono "fregati"? Vogliono che sia un'autorità superiore a prendere le grandi decisioni per loro, in modo da scaricare le responsabilità di eventuali errori. Infatti, amano ambienti lavorativi in cui sappiano chiaramente cosa devono fare, situazioni in cui non vi siano grossi cambiamenti, il classico impiego a vita all'interno di un organigramma ben strutturato. In nome della sicurezza sono disposti a compiere incredibili sacrifici: possono trasferirsi dalla loro città di origine, licenziarsi dal loro posto di lavoro per un altro che magari non piace, ma dà più sicurezza economica rispetto al precedente. Magari questo procura dei disagi incredibili, ma se lo fate notare, vi diranno: «Cosa posso farci?». Ho conosciuto alcuni Scettici che hanno un livello di competenze professionali incredibili e che potrebbero fare i liberi professionisti guadagnando enormi fortune in danaro ma: "Mettere su un'azienda? Ma sei impazzito? E se fallisce? Qui ho il mio lavoro e a fine mese lo stipendio!". Rimandano il successo in modo esasperante. Ogni volta che sta per concretizzarsi il loro sogno nel cassetto, adottano strategie inconsce per sabotarlo. La partner di un mio amico è un Sei e finalmente stavano realizzando il sogno della loro vita: prendere una casa e andare a vivere insieme ma...

lei si è licenziata dal suo posto di lavoro, è andata a lavorare prima in Spagna e poi è tornata in Italia trovando un altro posto di lavoro a più di 900 chilometri dal compagno! E vi assicuro che si vogliono bene. Il sabotaggio del successo può avvenire anche in ambito professionale, commettendo errori in vista della promozione tanto attesa.
Sono cauti nei rapporti e pensano di essere in grado di vedere inganni e manipolazioni nascoste. La fiducia è ceduta difficilmente, ma una volta concessa, il tipo Sei si fida ciecamente dell'altro. Se poi viene ingannato, l'altra persona viene bandita e non riuscirà, se non difficilmente, a riconquistare la fiducia perduta. La paura dello Scettico è di essere manipolato. Per questo motivo potrebbe seguire corsi di psicologia e tecniche di persuasione, ma non per manipolare gli altri, bensì per non essere manipolati! La sua attenzione è focalizzata sull'aspetto peggiore delle situazioni e dà vita a una spirale di dubbi e paure riguardo le azioni da compiere. Infatti il pensiero per lui sostituisce l'azione.
Si può pensare che lo Scettico sia una persona timorosa, a cui basta gridare "boooh!" per farla tremare di paura. Questo può essere vero per un Sei fobico. Ma provate a farlo a un Sei "controfobico" e sarete aggrediti prima che riusciate a capire cosa sta succedendo. Infatti, i tipi Sei si dividono in **fobici** e **controfobici**. Questi ultimi sono molto aggressivi verso tutto ciò che evoca paure e tendono a comportarsi in maniera opposta a quanto sopra descritto: si lanciano in imprese lavorative disperate per dimostrare che non hanno paura, aggrediscono prima di essere aggrediti e si comportano come dei piccoli tiranni arroganti.
Durante la fase fobica scoprono che aggredendo, l'altro si intimorisce e non è più pericoloso. Per cui pensano che questa sia un'ottima strategia da usare per tutta la vita! L'esperienza mi ha insegnato che gli Scettici Intermedi oscillano tra queste due fasi alternando i momenti di fobia a quelli di controfobia. Per capire cos'è un Sei controfobico, pensate ai nazisti che per paura di essere invasi (la teoria dello spazio vitale), hanno cercato di con-

quistare il mondo! O ai tifosi di calcio che quando si coalizzano sono in grado di compiere nefandezze di ogni genere (controfobici). Invece da soli sono buoni come agnellini (fobici). Infatti agli Scettici piace il gruppo, che è un modo per mimetizzarsi e non essere colpiti.

RAPPORTO DI COPPIA

Nelle relazioni sentimentali sono devoti e leali (a patto che si fidino dell'altro, requisito indispensabile per iniziare un rapporto di qualsiasi natura). La loro devozione aumenta se percepiscono la coppia come modo per difendersi dalle minacce esterne: *Noi contro loro*! Se la fiducia viene meno, possono congelarsi negandosi sessualmente fino a quando il partner non riconferma la certezza dell'impegno preso. In genere tendono a negarsi tutti i piaceri derivanti da un'unione e a pensare: «Prima devo pensare al lavoro per avere soldi da parte e sicurezza per il futuro!». «Devo pensare al mutuo da pagare. Solo dopo posso pensare a vivere serenamente!». «Come posso fare l'amore con te se abbiamo la caldaia rotta?». Insomma, per loro i problemi sono al centro, verso di essi indirizzano tutte le loro energie. I piaceri della vita vengono dopo. Ed è facile rendersi conto che non se li concederanno mai dato che nella vita ci sono sempre piccoli e grandi problemi. Se non ci sono li creeranno loro.

DISINTEGRATO

Sono terribilmente ansiosi e insicuri, si focalizzano nella costante paura degli altri. Pensano che possa accadere loro qualcosa di terribile, e gonfiano a dismisura ogni minimo incidente. Credono che la gente trami alle loro spalle e che chi detiene l'autorità li odi. Sono sempre alla costante ricerca di qualcosa che possa creare paure e angosce.

INTERMEDIO

Sviluppano una dipendenza verso coloro con cui si sono impegnati e non sono in grado di prendere decisioni autonome. Sperano di trovare le soluzioni nelle esperienze precedenti. Se il peso della decisione aumenta (chi sposare, che lavoro intraprendere), la loro paura nel prenderla aumenta. Fondamentalmente sono tradizionalisti e prediligono il gioco di squadra (*Noi contro loro!*). Hanno conflitti interni che li spingono a essere servili e altri che li fanno divenire aggressivi. Questo conflitto li rende nervosi e stanchi.

INTEGRATI

Hanno fede in se stessi e non più in una figura autoritaria. Questo li porta ad affermarsi interiormente e li fa divenire coraggiosi e capaci di superare limiti interiori e oggettivi. Curano il loro aspetto fisico al pari del tipo Tre, divenendo seducenti e in grado di stimolare emozionalmente i loro interlocutori. Ma il gioco della seduzione non è esplicito come nel tipo Tre: il Sei conquista con la fiducia, la speranza e l'amore, mostrandoli con l'innocenza di un bambino.

ORIENTAMENTO PROFESSIONALE

Ama il "gioco di squadra", all'interno di aziende gerarchicamente organizzate in modo da definire chiaramente la sua posizione e i compiti da svolgere nel team. È il classico esempio del dipendente leale per anni. Spesso ama lavorare all'interno di strutture militari. Il Controfobico predilige attività al limite come, ad esempio, "l'avvocato delle cause perse", colui che accetta la responsabilità di risollevare aziende ormai sul lastrico, imprenditori che rischiano tutto quello che possiedono in modo incauto.

MANSIONI APPROPRIATE

● Fobico

- Mansioni esecutive e di routine.
- Lavori di squadra e divisione di responsabilità.

● Controfobico
- Mansioni al limite, in cui può dimostrare coraggio (nell'ambito di una struttura di vendita, mostrando buone capacità di Problem Solving).

MANSIONI NON APPROPRIATE

● Fobico
- Mansioni in cui sono richiesti continui cambiamenti, decisioni immediate in un ambiente altamente competitivo e fuori da un team.

● Controfobico
- Mansioni esecutive e di routine in cui non può esprimere il suo potenziale.
- All'interno di un team (potrebbe creare problemi relazionali).

PRINCIPALI SOTTOTIPI

Attenzione focalizzata sul rapporto di coppia: Forza / bellezza.

In genere, l'uomo controfobico tende a esternare durezza e freddezza per cercare di mantenere tutto sotto controllo. Invece la donna si pone timidamente, in maniera tale da poter attirare la controparte in base alle circostanze. In poche parole possono affascinare con una particolare dedizione (fobico) o con prove di estremo coraggio (controfobico).

Attenzione focalizzata sul gruppo: Dovere.

Seguono fedelmente le leggi e i doveri del gruppo, sviluppando una paura verso tutto quello che possa comportare dei cambiamenti. Tendono a mantenere i legami familiari anche nelle circostanze più difficili.

Attenzione focalizzata sull'istinto di sopravvivenza: Calore.

Tendono a essere gentili in modo tale da non provocare attacchi da parte degli altri. Li smorzano mostrandosi leali, affettuosi e cordiali.

SISTEMI RAPPRESENTAZIONALI

Canale di Accesso: AUDITIVO. Il loro approccio con la realtà esterna è estremamente iperlogico e auditivo. In un nuovo incontro, soppesano le parole e la razionalità del loro interlocutore. Se questo elemento manca, possono divenire diffidenti e dubbiosi.

Canale di Elaborazione: VISIVO. Le immagini sono una componente importante nelle loro riflessioni e decisioni. Ascoltano chi hanno di fronte e creano immagini mentali.

ALCUNE DOMANDE UTILI PER INDIVIDUARE LA TIPOLOGIA

1. Per te la fiducia è un valore importante?
2. Nelle situazioni tendi a vederne l'aspetto negativo?
3. Pensi che la gente tenti di *ingannarti*?
4. Tendi a essere aggressivo?
5. Diffidi di chi fa troppe effusioni, di chi cerca di coinvolgerti emozionalmente?
6. Scegli lavori che ti danno sicurezza economica anche se non ti piacciono?
7. Nelle decisioni importanti hai bisogno che sia qualcun altro degno di fiducia a scegliere per te?
8. Tendi inconsciamente a trovare problemi?
9. Vedi il rapporto di coppia come una difesa dal mondo esterno (noi contro loro)?
10. Ami far parte di gruppi o associazioni come mezzo per esprimere le tue opinioni?

IN UN COLPO D'OCCHIO

IMMAGINE DI SÉ	TENTAZIONE	CIÒ CHE EVITANO	DEBOLEZZA	RISORSA
Io faccio il mio dovere	Sicurezza	Inganno	Comprensione degli altri	Pensiero analitico

TIPO 7

ARTISTA
MOTTO: *VIVERE SULLE ALI DELLA LIBERTÀ*

TRATTI IDENTIFICATIVI SINTETICI
- Energici, pieni di vita, ottimisti, spensierati e allegri.
- Hanno talenti in più aree.
- Iperattivi e sempre pronti a partire verso nuove iniziative.
- Carismatici e ottimi comunicatori.

ORIGINI FAMILIARI

Immaginate di vivere in un Eden dove ogni vostro desiderio viene soddisfatto. Avete ogni ben di Dio, godete di tutti i beni che desiderate... Ma, a un certo punto, tutto si dissolve e ne venite scacciati. Il vostro paradiso scompare con tutti i piaceri che vi dava. Allora provate una **sofferenza incredibile, una sofferenza che cercherete di evitare per tutta la vita**. Cercherete di riformare quell'Eden perduto, godendo di tutti i beni che la vita può darvi, perché pensate che vi sia miseria nel mondo e che dovete prendere tutto quello che potete. Ecco come nasce un Artista.

PROFILO GENERALE

La sofferenza subita nell'infanzia li porta ad allontanarsi da tutti gli eventi negativi della vita. Se chiedete loro di ricordare qualche evento negativo dell'infanzia, vi risponderanno che non ne hanno. Infatti tendono a conservare solo ricordi positivi, celando tutti quelli che possono essere fonte di sofferenza. Una volta, a un tipo Sette dissi che da piccolo gli era stato tolto l'Eden dei suoi sogni. La sua reazione fu sconcertante: «Tu menti! Non capisci niente delle persone. Ho avuto un'infanzia stupenda!» disse gridando. Dopo un po' si avvicinò a me e con tono calmo e rassegnato mi disse: «Hai ragione, ma dire certe cose alla gente può far male».

In un'altra occasione discutevo con un Artista riguardo alla meditazione. A un certo punto mi ha detto: «Ma a cosa serve guardarsi dentro se poi trovi sofferenze? È meglio vivere felici così come siamo!». L'Artista è focalizzato sul divertimento in quanto cerca di ricostruire il paradiso perduto nell'infanzia. È l'eterno bambino spensierato, incarna perfettamente la figura di Peter Pan. La sua attenzione verso gli eventi negativi è limitata e riesce a focalizzarsi sulla spensieratezza, risultando a volte superficiale. Cerca nella libertà il sistema per non rivivere tali sofferenze. Per lui essere attivo, dinamico, poter sperimentare la vita senza limitazioni è l'unico modo per essere vivo. La sua vita è caratterizzata da un'estrema dinamicità e iperattività, come per i tipi Tre. La differenza consiste nella motivazione: i tipi Tre sono molto attivi in vista del raggiungimento degli obiettivi e del successo, i tipi Sette sono sempre in movimento per non fermarsi mai a guardare dentro se stessi (cosa che li costringerebbe a scoprire sofferenze) e avere la sensazione di libertà. Sperimentano e bruciano tutte le esperienze che li stimolano. Ma non vanno mai in profondità: una volta sperimentata una situazione, passano immediatamente a un'altra e così via. Infatti, mentre un Manager porta a termine i suoi obiettivi, un Artista tende a lasciarli a metà perché, se viene stimolato da qualcos'altro, lascia quello che sta facendo per dedicarsi ad altro. Questo li porta a divenire un po' "tuttologi": apprendono qualche parola di inglese e poi passano allo spagnolo. Appresa qualche frase, passano al tedesco e in giro dicono: «Conosco bene l'inglese, lo spagnolo e il tedesco!». E sono molto convincenti. Infatti hanno una modalità comunicativa paragonabile agli attori di teatro: coinvolgente e piena di enfasi. È impossibile non credergli! Si dice che i tipi Sette siano ingordi. L'ingordigia è intesa in termini di esperienze che bruciano a velocità vorticosa più che al cibo, inoltre generalmente sono dei ghiottoni: se vedono un dolce che a loro piace molto, prima lo mangiano e poi chiedono se qualcuno ne vuole un po'.

In genere sono degli allegri buontemponi e la loro compagnia è stimolante, sono estremamente creativi nel movimentare le

serate tra amici. Essere felici e allegri è l'immagine che vogliono proiettare. Le problematiche sorgono quando il loro eterno movimento finisce e inizia l'incubo: «E ora? Sono solo con me stesso e le mie sofferenze!». Se esauriscono tutte le attività cadono in una depressione terrorizzante, il blocco li fa soffrire in maniera esasperante.
Sono tendenzialmente antiautoritari e odiano farsi carico delle responsabilità altrui, adottano un comportamento diplomatico e non oppositivo: «Io penso agli affari miei e tu a quelli tuoi!». Infatti, prediligono tutti quegli ambienti dove non esistono gerarchie che possono limitarli nella loro libertà.
Ma non sono per niente degli accondiscendenti: sanno essere estremamente penalizzanti con le loro battute taglienti e generalmente se possono dare "bacchettate" al loro interlocutore lo fanno volentieri.
Ma perché vengono chiamati Artisti? Per la loro modalità di elaborare informazioni, le immagini creano loro emozioni intense; quindi possono divenire pittori, architetti, specialisti in particolari lavori artigianali, attori ecc. Tutto quello che rappresenta una commistione tra immagini e sensazioni li attira molto. La creatività non manca, come nel tipo Quattro, ma quest'ultimo la utilizza prevalentemente in tutto quello che è legato al mondo dei suoni e della parola: scrittori, musicisti ecc.

RAPPORTO DI COPPIA

Se qualcuno prova a limitarli è destinato a essere allontanato dalla loro vita. Una mia amica, un tipo Sette ha preferito lasciare l'uomo con cui viveva e amava perché cercò di limitarla nella sua libertà. Nei rapporti di coppia sono disposti a impegnarsi solo se possono sperimentare la sensazione di libertà. Per questo motivo potrebbero sembrare irresponsabili, anche se non lo sono. Nei rapporti occasionali, invece, tendono a dare tutto di se stessi; il giorno dopo possono trattare con freddezza l'altro. Questo tipo di comportamento può creare confusione negli altri. Chiaramente questo può avvenire nei rapporti occasionali. Invece, nei rapporti stabili, una volta che la loro libertà è preservata, sono estremamente disponibili, sempre pronti a creare situazioni allegre e spensierate.

DISINTEGRATO

Sono alla costante ricerca di forti emozioni e brividi: vie di fuga che non li facciano guardare dentro se stessi. Se non ricevono quello che vogliono, diventano offensivi e maleducati. Le tensioni che accumulano vengono scaricate in tempo reale: se sono arrabbiati, urlano; se sono tristi, piangono; se sono felici, ridono a crepapelle. Hanno la tendenza a essere instabili e incontrollabili. La loro allegria può raggiungere livelli deliranti, sono iperattivi e innescano spirali di attività che credono senza fine, una volta esaurite si innesca una fase di puro terrore: blocco con relativa depressione.

INTERMEDIO

Sono avidi materialisti e la paura che le esperienze possano deluderli li spinge a chiedere sempre di più: due telefoni, due auto, due case ecc. Sono delle *prime donne* avide che farebbero di tutto per eliminare chi cerca di oscurarli in qualche modo. Una volta lavoravo con un tipo Sette che, quando ha avvertito la minaccia che le "luci dei riflettori" si rivolgessero su di me, ha innescato una spirale di menzogne utilizzando mezze verità e molte bugie per togliermi di mezzo. Se poi aggiungiamo alla situazione che sono ottimi attori, diventa difficile non credere loro. Sono alla costante ricerca del divertimento e tutte quelle situazioni variegate che elevano il livello delle stimolazioni. La voglia di cambiare sempre per sentirsi vivi li porta ad apparire agli altri superficiali perché non riescono a specializzarsi in niente in particolare. Il loro amore è il divertimento e quando in una situazione manca questo elemento, perdono ogni interesse. I loro compagni preferiti sono buontemponi alla loro pari. Per loro la vita e le amicizie casuali fatte, a esempio, durante un viaggio in treno sono importantissime.

INTEGRATO

Finalmente riescono a godere quello che la vita offre senza il costante pensiero di andarselo a cercare. Infatti l'obiettivo per loro diventa la felicità interiore e l'euforia. Sviluppano una capacità di recupero dalle situazioni negative senza sforzarsi più di tanto. Traggono enorme piacere quando infondono felicità negli altri. Diventano concreti e la loro capacità di realizzazione aumenta in maniera direttamente proporzionale a quanto realizzano.

ORIENTAMENTO PROFESSIONALE

Predilige la libera professione in quanto gli offre la possibilità di poter programmare i tempi e gestirsi autonomamente non sentendosi vincolato. È stimolato da mansioni attive. Può essere un ottimo venditore ed esprimerà il suo potenziale in ambiti lavorativi differenti e dinamici.

MANSIONI APPROPRIATE

- Mansioni di animazione, vendita e contatto con il pubblico.
- Mansioni di reazione e velocità.
- Mansioni in cui è richiesta creatività.
- Mansioni da svolgere in autonomia.

MANSIONI NON APPROPRIATE

- Mansioni di analisi e pianificazione.
- Mansioni di routine.
- Mansioni lavorative con elevato controllo gerarchico.

PRINCIPALI SOTTOTIPI

Attenzione focalizzata sul rapporto di coppia: Eccitabilità.

Per loro è stimolante provocare l'altro e creare fantasie. Giocano molto più su questi elementi che sulla relazione vera e propria. Si sentono attratti da nuove persone e dalle opportunità che possono portare con sé. La loro attrazione è morbosa. La cosa che può sconcertare il partner è che se l'Artista incontra un'altra persona più stimolante, perde ogni interesse per lui.

Attenzione focalizzata sul gruppo: Spirito di sacrificio.

Sono disposti a sacrificarsi per il gruppo, la famiglia, l'azienda in cui lavorano, riuscendo anche ad accettare le restrizioni in vista, però, della libertà futura che verrà.

Attenzione focalizzata sull'istinto di sopravvivenza: Difesa.

Amano circondarsi di gente che pensa come loro, in maniera tale da creare una difesa da chi ragiona in modo diverso. Quindi amano i gruppi, le associazioni, la famiglia ecc. Rappresentano un rifugio sicuro qualora la sicurezza sia minacciata dall'esterno.

SISTEMI RAPPRESENTAZIONALI

Canale di Accesso: VISIVO. Il loro approccio con la realtà esterna è basato sulle immagini. L'estetica è un elemento di valutazione molto importante nei loro incontri, un'estetica che non necessariamente può rifarsi agli standard sociali; anzi, potrebbe essere anche eccentrica.

Canale di Elaborazione: CENESTESICO. Le sensazioni e le emozioni che provano sono molto importanti quando riflettono e devono prendere una decisione. Le amicizie, gli acquisti e tutto quello che comporta una scelta è valutato in base all'emozione che fa provare.

ALCUNE DOMANDE UTILI PER INDIVIDUARE LA TIPOLOGIA

1. Per te la libertà è un valore irrinunciabile?
2. Tendi a lasciare a metà quello che fai per iniziare qualcos'altro che ti piace e ti stimola di più?
3. Tendi a essere iperattivo?
4. Il tuo incubo peggiore è rimanere fermo e bloccato senza poter agire?
5. Tendi a essere "ghiottone"?
6. Sai fare bene molte cose, senza essere specializzato in nessuna in particolare?
7. Ti riprendi rapidamente da offese ed eventi negativi?
8. Esprimi le tue opinioni anche a rischio di metterti nei guai?
9. Ogni giorno contiene molte possibilità per divertirsi e agire, basta volerlo?
10. Detesti chi ti carica dei suoi problemi facendoti sentire in obbligo o in debito?

IN UN COLPO D'OCCHIO

IMMAGINE DI SÉ	TENTAZIONE	CIÒ CHE EVITANO	DEBOLEZZA	RISORSA
Io sono allegro e felice	Libertà di scelta	Sofferenza	Centro di se stessi	Libertà

TIPO 8

CAPO

MOTTO: *"LA POTENZA È NULLA SENZA IL CONTROLLO"*

TRATTI IDENTIFICATIVI SINTETICI

- Amano la leadership e il controllo delle situazioni.
- Sono molto abili nel persuadere la gente.
- Se attaccati e sfidati, diventano aggressivi.
- Amano gli scontri diretti e la schiettezza.
- Sono vendicativi.

ORIGINI FAMILIARI

Se nell'infanzia subite **ripetutamente ingiustizie, aggressioni verbali e fisiche**, l'ambiente attorno a voi sembra governato dalla legge del più forte. **In un momento di debolezza e fragilità qualcuno vi colpisce duramente**. Cosa pensate di fare per sopravvivere? Se vi ritirate, soccombete! In quella situazione avete una sola possibilità: reagire con forza alle aggressioni, sviluppare un sistema di riposte alle continue minacce del mondo degli adulti. Capite che il controllo di quello che avete attorno a voi è fondamentale per non soccombere. Ma, soprattutto, dovete nascondere il bambino fragile che è in voi con una corazza di aggressività e forza, così che gli altri non vedano i vostri punti deboli. A un certo punto capite che il mondo è fatto di ingiustizie e che è importante essere abbastanza forti da riportare la giustizia attorno a voi. Non conta se si va contro le regole. Queste ultime le stabilite voi, anche se vanno contro quelle del sistema.

PROFILO GENERALE

Per capire la dinamiche psicologiche di un tipo Otto pensate a uno sceriffo che difende la sua città dai banditi. Questo lo farebbe anche un tipo Uno, che rispetta e fa rispettare il sistema di regole dell'ambiente in cui vive. Ma cosa succede se lo stato prende di mira un cittadino? Il tipo Uno lo consegnerebbe alla giustizia in quanto deve rispettare le regole: se il cittadino ha violato le regole, deve essere punito. Invece, un tipo Otto lo difenderebbe a oltranza, a prescindere dallo stato e dalle leggi: il cittadino è sotto la sua protezione e lo difende sia dai banditi sia dall'intervento statale. Il Capo difende i suoi amici e chi decide di mettere sotto la sua ala protettrice contro gli attacchi esterni, anche se hanno torto marcio! Infatti, un tipo Otto potrebbe divenire sia un poliziotto deciso a tutto, tanto un capo malavitoso che protegge i suoi affiliati. In quest'ultimo caso, è lo stato che compie ingiustizie verso chi sta proteggendo. Generalmente sposano cause che permettono di difendere una categoria di sfruttati. Come potete constatare, per il Capo il criterio "giustizia" è particolarmente soggettivo.

A questo punto verrebbe spontaneo pensare che il Capo sia un tale che va in giro con una mazza da baseball a massacrare chi lo minaccia! Grazie al cielo questo, forse, avviene al livello Disintegrato. Infatti l'Otto è una persona estremamente sicura di sé, che studia chi lo minaccia con un sorriso sicuro che sembra dire. «Continua pure, prima o poi lo fai il passo falso!». Accettano le sfide, analizzano razionalmente e non si tirano indietro: studiano l'avversario evitando scenate di aggressività isterica (tipiche di un Sei controfobico); colpiscono duramente solo quando vi è una reale motivazione. Lanciano sfide e provocazioni con sorrisi sicuri quando vogliono valutare il potenziale del loro avversario: se indietreggia lo giudicano una persona di poco conto, colpendolo ancora più duramente; se cerca di vincere con l'inganno è meglio che faccia un biglietto di sola andata per qualche isola sperduta, in quanto il Capo è estremamente vendicativo e odia chi usa inganni e sotterfugi; se, invece, accetta la sfida e si batte lealmente, alla fine dello scontro conquisterà la sua stima. Se da un lato può essere rassicurante avere un tipo Otto nel gruppo o come partner, i problemi sorgono se cercate di sottrarvi al suo controllo: andrà

su tutte le furie cercando di aumentare il possesso. Se un Capo si accorge che gli amici parlano alle sue spalle, innescherà degli scontri duri per non perdere il controllo. In questo caso emerge il lato violento del suo carattere. La sua attenzione si focalizza sul controllo dello spazio e delle proprietà personali. Estende il controllo anche a quelle persone che hanno importanza nella sua vita e i piccoli errori lo possono gettare in una crisi profonda, perché potrebbero costituire l'inizio della perdita del controllo. I tipi Otto mirano a divenire autonomi non per l'indipendenza in sé, ma per non essere controllati da nessuno.
Tendono verso la lussuria, ma sarebbe più esatto dire che *lottano per la lussuria*. Infatti, rivendicano la legittimità degli impulsi e il diritto a vivere esageratamente le situazioni con continue prove di forza e coraggio. Sono antiautoritari come il tipo Sette ma, mentre quest'ultimo usa la diplomazia e l'abilità comunicativa, l'Otto usa la forza e il coraggio. Spesso sfida l'autorità perché reputa se stesso come autorità vigente. Tende a mostrasi poco sensibile e a disprezzare chi si mostra debole e sensibile, ma questo deriva dal fatto che non può far emergere il *bambino fragile* nascosto sotto la sua corazza. È un modo per difendersi.
La sua attenzione è focalizzata sul Qui e Ora e su tutte le sue percezioni corporee (legate alla sfera dei sensi) e per questo predilige l'azione al pensiero.
Il suo punto debole è la mancanza di libertà da se stesso. Il costante timore di perdere il controllo lo porta a non godersi la libertà di fare quello che vuole, a cercare di autocontrollarsi non riuscendo a essere libero dagli obblighi che assume fuori. È schiavo della sua stessa corazza.

RAPPORTO DI COPPIA

I tipi Otto incentrano il rapporto sentimentale sul valore della lealtà. Questo elemento è fondamentale per potersi fidare della persona che si ama. Quest'ultima rientra nella sfera del possesso, perciò la difenderà sia da attacchi esterni, sia da eventuali spa-

simanti. Nel rapporto sentimentale le sue migliori qualità sono la protezione che offre e la sicurezza che infonde. Il partner si sentirà sempre al sicuro da tutto. Il lato negativo, invece, è la sua concretezza e durezza: se l'altro cerca una spalla su cui piangere e consolarsi, avrà solo riposte razionali, mirate alle azioni da compiere per risolvere i problemi. Quindi, se l'altro è alla ricerca di "coccole", potrebbe ricevere una brutta delusione: il Capo non ama togliersi la "corazza" che indossa; questo può avvenire solo quando si fida completamente dell'altra persona. Colpirlo in un momento così particolare, quando il suo bambino fragile è allo scoperto, potrebbe attirare le sue ire e attivare il desiderio di vendetta. Generalmente ama avere tutto sotto controllo, compresa la persona amata.
Quest'ultima, comunque, ogni tanto deve sfuggire al suo controllo, altrimenti il Capo, possedendola completamente, perde ogni interesse nei suoi confronti.

DISINTEGRATO

Si comportano in maniera opprimente verso il prossimo togliendogli diritti e libertà. Se vi è un minimo cenno di pericolo, fanno scattare una serie di ritorsioni, utilizzando la legge del più forte e non mostrando debolezze di alcun genere per paura che altri possano avvantaggiarsene. Si sentono autorizzati a distruggere in quanto ciò accresce il loro ego.

INTERMEDIO

Amano l'individualismo e vedono nella libera iniziativa commerciale il modo per soddisfare la loro compulsione al controllo (uomini e mezzi) e nel denaro il mezzo per realizzare i loro progetti. Sfidano i rivali e sono felici quando essi cedono subito sotto i loro colpi. La loro sicurezza deriva da ogni impresa ben riuscita e le persone sono viste come pedine da muovere nel gioco per il controllo. Se a questo aggiungiamo la potenza economica, si sentono onnipotenti con la compulsione al controllo totale. Si attorniano di collaboratori che controllano in cambio di denaro e protezione.

INTEGRATO

Sviluppano un forte autocontrollo sulle loro emozioni, sono tolleranti verso gli altri. Al loro coraggio e forza si aggiunge un particolare equilibrio psicologico, che permette loro di fare del bene alle persone che hanno attorno. Emergono i loro lati migliori, diventano ottimi leader che si prendono cura degli interessi altrui. Sviluppano un senso della responsabilità così elevato da addossarsi eventuali fallimenti di imprese fatte con altri.

ORIENTAMENTO PROFESSIONALE

Prediligono lavori in autonomia a capo del team: dirigenti, imprenditori, leader. Se sono dipendenti lavoreranno per ottenere autonomia gestionale a rischio di creare contrasti a più livelli.

MANSIONI APPROPRIATE

- Mansioni di controllo e gestione di personale.
- Mansioni dove è richiesta una soluzione sia efficace che efficiente in situazioni difficili.
- Lavoro in ambito aziendale con libertà di azione.
- Mansioni in cui può mostrare la sua forza.
- All'interno di un team di cui prende il comando.

MANSIONI NON APPROPRIATE

- Mansioni dove è richiesta "cieca" dipendenza senza libera iniziativa.
- Mansioni poco attive e di concetto.
- All'interno di un team dove ognuno ha la sua autonomia (non riesce a mostrare il suo potenziale).

PRINCIPALI SOTTOTIPI

Attenzione focalizzata sul rapporto di coppia: Desiderio di possesso / dedizione.

Vogliono dedizione da chi sta loro vicino e se l'altra persona non rappresenta un pericolo, sono disposti a donarsi. Sono *ribelli nel sangue* e amano donne e uomini belli, macchine potenti. Instaurano rapporti speciali molto stretti, esercitando possesso nei loro confronti. Fondamentalmente cercano una persona a cui aprirsi e arrendersi, a cui mostrare il loro bambino fragile. Ma attenzione: tradirli in questa fase è pericolosissimo.

Attenzione focalizzata sul gruppo: Amicizia.

Per loro l'amicizia è importante e fanno di tutto per proteggerla. Prendono le parti dei più deboli. Inoltre tendono a farli conoscere e presentarli tra di loro, assicurandosi che si godano la vita. Gli Otto di questo particolare sottotipo sono amici preziosi nei tempi duri, sempre pronti a dare il loro sostegno.

Attenzione focalizzata sull'istinto di sopravvivenza: Sopravvivenza soddisfacente.

Il controllo dello spazio vitale è importante e tutto deve essere rigorosamente al suo posto. La motivazione di questo comportamento trova spiegazione nel fatto che hanno paura di perdere il controllo acquisito. Sono le classiche persone che comprano cibo in quantità industriali.

SISTEMI RAPPRESENTAZIONALI

Canale di Accesso: AUDITIVO. Prestano estrema attenzione alla logica e alle argomentazioni del loro interlocutore. Il loro approccio con la realtà esterna è di tipo razionale. Soppesano le parole e la logicità delle argomentazioni delle persone appena conosciute.

Canale di Elaborazione: CENESTESICO. Le sensazioni e le emozioni che provano sono molto importanti quando riflettono e devono prendere una decisione (come per il tipo Sette). Le amicizie, gli acquisti e tutto quello che comporta una scelta è valutato dalla soddisfazione fisica ed emozionale che può produrre.

ALCUNE DOMANDE UTILI PER INDIVIDUARE LA TIPOLOGIA

1. Per te il controllo è importante?
2. Tendi a essere aggressivo verbalmente?
3. Non sopporti di essere controllato?
4. La giustizia è per te un valore importante?
5. Difendi chi ti sta vicino, anche se ha torto?
6. Quando entri in un nuovo gruppo, capisci subito chi comanda e lo sfidi?
7. Stimi chi sa farsi valere con forza?
8. Odi inganni e finzioni?
9. La gente ti reputa poco sensibile a causa della tua schiettezza?
10. Fai di tutto per non mostrarti fragile e debole?

IN UN COLPO D'OCCHIO

IMMAGINE DI SÉ	TENTAZIONE	CIÒ CHE EVITANO	DEBOLEZZA	RISORSA
Io sono forte	Controllo	Debolezza	Libertà	Espressione della forza

TIPO 9

DIPLOMATICO

MOTTO: *"VIVERE IN PACE, A QUALSIASI COSTO!"*

TRATTI IDENTIFICATIVI SINTETICI
- Si adattano alle situazioni e ai loro interlocutori.
- Sono estremamente gentili e disponibili.
- Sono ottimistici: "I problemi si risolvono da soli!"
- Conoscono poco i loro bisogni e incorporano quelli delle persone vicine.

ORIGINI FAMILIARI

Il Diplomatico nasce in un ambiente familiare in cui non viene preso in considerazione. In pratica percepisce mancanza di amore o si sente scavalcato da fratelli in maniera tale da non poter esprimere le sue opinioni. Non ricevendo amore, opta una scelta inconscia: «Colmo il vuoto che c'è in me donando amore fuori!». In loro **è mancata la partecipazione**, la fusione con gli altri. È importante che fuori regni l'armonia e affinché questo accada si adattano a chi hanno di fronte. Per questo motivo sono figure estremamente camaleontiche. Se vi siete ritrovati in quasi tutte le figure esaminate, molto probabilmente siete un Nove.

PROFILO GENERALE

Non attribuiscono importanza ai loro bisogni, ma a quelli degli altri. Questo accade in quanto neanche loro sanno quali sono. Infatti, *sanno quello che non vogliono*! In loro è mancata la partecipazione con gli altri e quando si permette loro di partecipare, per esempio, a un gioco di società, sono estremamente felici. Non sapendo quello che vogliono, hanno difficoltà a capire cosa è utile e cosa non lo è. Durante la giornata riempiono il tempo con hobby, passatempi, impegni non importanti e rimandando le cose essenziali all'ultimo momento. E più il tempo a disposizione aumenta, più il compito si fa arduo in quanto aumentano i passatempi! Magari si riempiono di impegni per soddisfare i bisogni altrui, ma non i loro. Sono tendenzialmente arrendevoli nelle interazioni, ma non bisogna confondere questo atteggiamento con l'accettazione: si adeguano momentaneamente per non creare conflitti e non hanno ancora deciso realmente cosa fare. Non hanno una propria posizione e nelle discussioni si limitano ad accettare o rifiutare le opinioni degli altri. È per questo motivo che amano tutte quelle strutture in cui si decide per loro. Strappare un'opinione personale a un Nove è un compito duro perché non solo dovete stimolarlo a sbilanciarsi, ma dovete anche fargli capire qual è la sua opinione! Vivono in un limbo di idee confuse, ma una volta che prendono una decisione la portano a termine con testardaggine e nessuno riuscirà a smuoverli.

Amano i programmi da seguire e se non ne hanno uno proprio, aiutano un amico a seguire il suo. Il problema sorge quando finiscono anche quelli degli amici. In questo caso cadono in una "depressione da poltrona". Precipitano in una stasi in cui tutto si congela nella comoda poltrona. Conosco dei Nove che hanno la loro poltrona o il loro divano e la domenica avviene il rito: dopo essersi lavati si adagiano a vedere la tv. Il rito prosegue fino alle 23 circa, interrotto solo da un'oretta per il pranzo. Sono degli abitudinari cronici. La "depressione da poltrona" finisce in vista di un nuovo programma. Uno dei Nove dell'esempio sopra riportato, prima andava ogni domenica a pesca, abitudine interrotta da un guasto alla barca. Per sganciarsi dalla poltrona ebbe un nuovo programma domenicale: comperare il pane la mattina appena sfornato in un paese poco distante, incontrarsi con amici al bar per l'aperitivo e così via. Ma ogni domenica è uguale. La pianificazione ordinaria è indispensabile perché gli evita di trovarsi di fronte a eventi imprevisti e dover decidere cosa fare.

Il tipo Nove esprime la rabbia in maniera indiretta, chiudendosi nei confronti della persona "incriminata" e assumendo un atteggiamento di negazione. Ma prima che prenda consapevolezza della rabbia, passa attraverso tre fasi interiori: in un primo momento è molto esitante perché pensa che l'altro possa avere ragione. In una seconda fase analizza la situazione e comincia a insinuarsi il dubbio che forse può avere ragione lui. Infine, scatta la consapevolezza di avere ragione e arriva il momento dell'esplosione di tutta la rabbia repressa. Queste rare esplosioni di rabbia possono spaventare chi è abituato a vivere con il pacifico Diplomatico.

RAPPORTO DI COPPIA

Per loro il rapporto di coppia è la totale fusione con l'altra persona, fusione che arriva a far mettere i bisogni del partner al posto dei propri. Quando trovano la persona giusta e realizzano tale unione, raggiungono lo scopo della loro vita. Assorbono le esigenze dell'altro ponendosi in un ruolo passivo, sempre pronti a seguire i programmi che vengono loro forniti. Ma se non avvertono fusione e partecipazione con l'altro si chiudono in silenzi e bronci prolungati. La fine di un rapporto rappresenta una tragedia infatti è come se fosse amputata una parte del loro sé.

DISINTEGRATO

Hanno la tendenza a non voler affrontare i problemi e di solito non muovono un dito per risolverli. In questo senso usano tutte le loro energie per rimanere sulle loro posizioni e si arrabbiano con chi li spinge all'azione perché fonte di ansietà, così non eseguono quello che è stato detto loro di fare. Non sentono responsabilità verso se stessi (non fanno visite mediche se stanno poco bene) e con la loro negligenza possono danneggiare gli altri. Non solo sono poco affidabili, ma scaricano eventuali responsabilità. Se le pressioni esterne aumentano, giungono a gradi di trascuratezza incredibili, quasi infantili.

INTERMEDIO

Soddisfano più gli altri che se stessi perché si identificano con i loro bisogni. Preferiscono non agire e aspettare che i problemi si risolvano da soli. Tendono a essere sempre distratti e la loro mente non riesce a concentrarsi su qualcosa per più di pochi minuti; hanno problemi a distinguere l'utile dal futile. Non affrontano i problemi anche perché non li reputano gravi. Usano le loro energie per calmare chi cerca di responsabilizzarli e la loro calma li illude che anche i problemi siano passati. Così utilizzano la pacificazione.

INTEGRATO

Sono estremamente pacifici e vitali, hanno piena consapevolezza dei loro desideri. Rappresentano l'unione del Sé interiore con quello degli altri e sono *realmente* pacifici (non come il Nove Intermedio). Sono bravi nel mediare in quanto hanno capacità di localizzare le zone di convergenza nelle discussioni. Sono genuinamente simpatici e coinvolgono gli altri e dal loro modo di agire emerge un amore universale che dona un senso di magia all'ambiente circostante.

ORIENTAMENTO PROFESSIONALE

Amano professioni di routine, abitudinarie, in ambienti non competitivi, all'interno di strutture aziendali che elencano chiaramente diritti e doveri. Possono essere ottimi diplomatici, mediatori, negoziatori.

MANSIONI APPROPRIATE

- Mansioni di routine, abitudinarie, di dettaglio, all'interno di un team ben definito.
- Sono le persone ideali per risolvere problematiche relazionali nel team in quanto individuano il punto di convergenza comune tra le parti.

MANSIONI NON APPROPRIATE

- Mansioni in cui è richiesta improvvisazione, cambiamenti repentini e azione nell'ambito di un team altamente competitivo.
- Mansioni in autonomia fuori dal team.

PRINCIPALI SOTTOTIPI

Attenzione focalizzata sul rapporto di coppia: Unione.
Vogliono vivere con o grazie al partner e sono felici solo se l'altro è appagato. Vedono nell'altro il divino e concepiscono l'unione come esperienza estatica. È per loro un mezzo per ritrovare se stessi. Aspirano a un amore assoluto in cui immergersi e completarsi.

Attenzione focalizzata sul gruppo: Partecipazione.
Per loro è importante partecipare al "gioco". Si appoggiano sul fatto che la comunità pensa a loro e loro devono solo mettere un minimo di impegno. Annullano se stessi per fondersi con il gruppo.

Attenzione focalizzata sull'istinto di sopravvivenza: Appetito.
Annullano le minacce bevendo, mangiando e vedendo la televisione. Fanno provviste di libri che non leggeranno mai. In questo modo evitano l'azione. In poche parole adottano strategie di stordimento.

SISTEMI RAPPRESENTAZIONALI

Canale di Accesso: CENESTESICO. Il contatto con la realtà esterna avviene tramite le sensazioni e le emozioni percepite. In un nuovo incontro non badano tanto all'immagine dell'altro, ma alle sensazioni che percepiscono. Sono stimolati da tutti coloro che sono emozionali e amichevoli nei rapporti interpersonali.

Canale di Elaborazione: AUDITIVO. Le loro decisioni sono estremamente influenzate dall'auditivo: suoni, parole, toni di voce svolgono un ruolo fondamentale nelle loro scelte. Infatti, la riflessione è estremamente logica, tanto che a volte diviene un ostacolo verso l'azione (ragionano troppo e agiscono poco).

ALCUNE DOMANDE UTILI PER INDIVIDUARE LA TIPOLOGIA

1. Ami la routine e tutti quei lavori in cui vi sono programmi da seguire?
2. Pensi che i problemi si risolvano da soli?
3. Se qualcuno ti spinge all'azione, ciò ti crea ansia?
4. Ami l'armonia e la pace a prescindere da chi ha torto o ragione?
5. Per te è più facile sapere quello che non vuoi, ma non quello che vuoi?
6. Nelle discussioni tendi a condividere l'opinione altrui anche se non sei d'accordo?
7. Hai difficoltà a distinguere l'utile dal futile, rimandando le priorità all'ultimo momento?
8. Hai momenti estremamente attivi alternati ad altri di profondo "letargo"?
9. Tendi a riempire la tua giornata con passatempi, appuntamenti televisivi (telefilm, telenovele, show ecc.), abitudini alimentari in maniera sistematica?
10. Sei generalmente pacifico e solo rarissime volte hai dei violenti scoppi di ira?

IN UN COLPO D'OCCHIO

IMMAGINE DI SÉ	**TENTAZIONE**	**CIÒ CHE EVITANO**	**DEBOLEZZA**	**RISORSA**
Io sono Soddisfatto	Armonia	Decisioni/ Problemi	Se stessi	Pace e amore universale

Capitolo 4
Cambio di modalità in fase di stress e riposo

Le tipologie dell'Enneagramma sono dinamiche, a seconda del momento possono spostarsi e assumere dalle altre risorse che servono ad affrontare la situazione che vivono. Questo significa che la loro personalità muta temporaneamente, reagendo agli eventi in maniera diversa rispetto al loro abituale temperamento. Ogni personalità può dirigersi verso altre due in base al fatto che si trovi in un momento di STRESS o di RIPOSO. Ma cosa significa?

- **STRESS:** la tipologia non riesce con le sue normali risorse a soddisfare la sua compulsione. La sua strategia non è sufficiente a farle vivere bene la situazione che affronta. Se questo momento persevera, la tipologia si dirige verso un'altra tipologia assorbendone, però, solo le qualità negative.

- **RIPOSO:** è una fase di perfetta centratura in cui la compulsione è soddisfatta. La tipologia vive benissimo il momento presente e si dirige verso un'altra tipologia integrandone le qualità e le risorse positive.

Queste fasi sono temporanee e spiegano come mai abbiamo aspetti negativi e positivi di altre tipologie. Il loro movimento è mostrato dal sistema di frecce che collegano le varie figure.

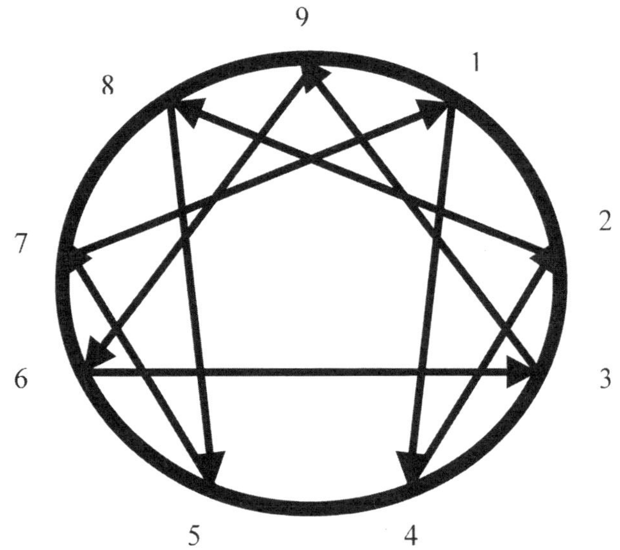

Quando seguiamo il normale movimento, partendo dalla tipologia presa in esame, troviamo la fase di STRESS. Mentre, quando seguiamo un movimento contrario a quello della freccia, individuiamo la tipologia del RIPOSO.
Esempio del Tipo Uno: durante la fase di Stress assorbe i lati negativi del Quattro; durante la fase di Riposo assimila le risorse positive del Sette.

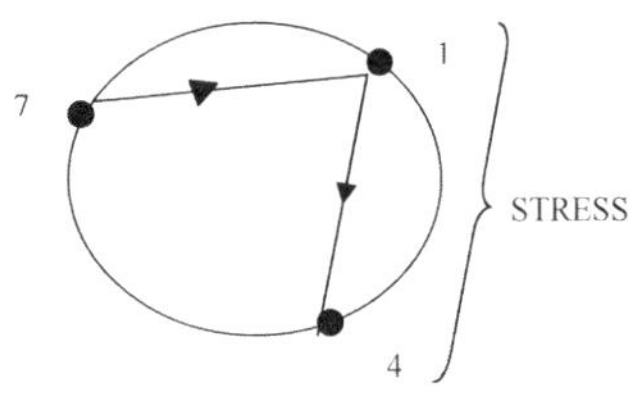

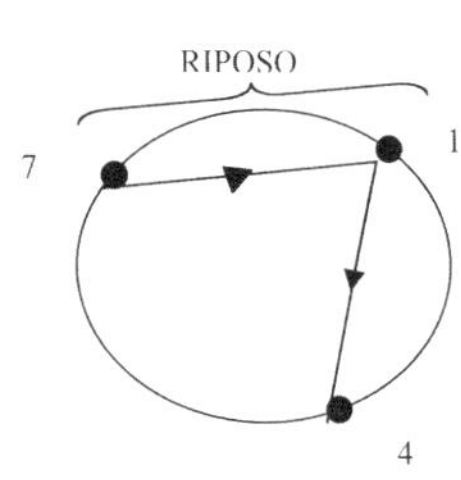

TIPO UNO

Stress in Quattro

Se la sua crescita personale è minacciata, il tipo Uno cambia strategia dirigendosi verso il tipo Quattro e assorbendo i suoi lati negativi: diventa malinconico e tende alla depressione; pensa che non ci sia nessuno disponibile o capace di capirlo veramente. Si chiude in un atteggiamento autodistruttivo, perdendo la capacità di individuare soluzioni. Questa è una fase estremamente intensa per il Perfezionista, che prende contatto con le sue emozioni, ma in maniera negativa, e fa di tutto per evitare la situazione. Nei corsi spesso capita che delle tipologie perfezioniste si riconoscano nel Quattro (malinconia e depressione) ma mentre un Romantico accetta questo lato di sé, spesso andando dentro il dolore per uscirne fortificato, il tipo Uno cerca di eluderlo a tutti i costi.

Riposo in Sette

Quando il tipo Uno si trova in fase di riposo riesce finalmente ad abbandonare temporaneamente la compulsione a fare tutto secondo le regole, godendosi la libertà di sperimentare la vita senza la perfezione. La sua tendenza a essere il "primo della classe", a sentirsi arrivato alla meta, sparisce: si rende conto di essere ancora in viaggio.

TIPO DUE

Stress in Otto

Se si sentono umiliati, usati e rifiutati per troppo tempo, si dirigono verso l'Otto: assumono un atteggiamento di falsa potenza ed emergono solo i lati negativi del loro carattere. La loro rabbia si esprime tramite atteggiamenti passivo-aggressivi. Un tipo Due può subire umiliazioni, anche per molto tempo, ma quando il limite è stato raggiunto diventa estremamente pericoloso perché in stress sa dove colpire per fare più male. Pretende riconoscimenti dalle persone che dipendono da lui e intensifica le strategie che aumentano il suo *essere indispensabile*. Possono divenire vendicativi e distruttivi.

Riposo in Quattro

In questa fase il tipo Due abbandona la sua compulsione a tendere una rete di relazioni e finalmente comincia a rendersi conto che invece di cento amici può averne dieci, ma buoni. Diventa più riflessivo e analitico nei rapporti con gli altri.

TIPO TRE

Stress in Nove

Il successo non viene raggiunto nonostante tutti i ruoli che si è costruito. A questo punto il Tre si dirige verso il Nove, acquisendone i lati negativi. Tende a divenire pigro per non subire ulteriori fallimenti. In questa modalità non raggiunge nessun obiettivo. A questo punto tutto l'odio che generalmente prova verso i suoi rivali lo rivolge verso se stesso.

Riposo in Sei

In questa fase il tipo Tre trascorre più tempo con la sua famiglia e con i suoi amici, focalizzandosi su quello che è meglio per il gruppo, rinunciando alla compulsione ad apparire. Inoltre, entra maggiormente in contatto con la sua sfera emotiva. Il tipo Tre ha la tendenza a scaricare l'altro (partner, socio in affari o amico) quando sente *puzza* di fallimento. I lati positivi del Sei lo fanno diventare fedele e impegnato. Chi gli sta attorno comincia a conoscere un lato emotivo mai venuto a galla prima.

TIPO QUATTRO

Stress in Due

La reale o potenziale perdita di una persona amata può indirizzare il Quattro verso il Due: questo lo porta a creare dipendenze nei suoi confronti comportandosi come un Altruista manipolativo. Adotta strategie per rendersi necessario e, quando si instaura un rapporto di dipendenza, cercherà di allontanare la vittima, trascinandola in un "tira e molla" di passione e rancori.

Riposo in Uno
Tende a divenire più disciplinato e centrato nel presente, sviluppando un pizzico di concretezza che normalmente gli manca. In fase di riposo tende a mettere in pratica le sue idee. Segue meno l'istinto e analizza le sue fantasie sotto una luce critica. Questo processo di autocritica viene fatto in maniera costruttiva, che gli permette di migliorare la stima di sé.

TIPO CINQUE

Stress in Sette
Quando l'Eremita esaurisce tutte le sue risorse attinge a quelle negative del Sette: si distacca dalla realtà perdendosi nella pianificazione di numerose attività. Diviene attivo, ma in maniera dispersiva e non costruttiva, stordendosi in divertimenti, attività e piaceri eccessivi.

Riposo in Otto
In questa fase l'Eremita assorbe le risorse positive dell'Otto e, in particolare, l'espressione della potenza: abbandona la teoria e passa all'azione. Avviene un'inversione: dal ricevere passa al dare. Prende contatto con la realtà che dal puro mentale passa al concreto.

TIPO SEI

Stress in Tre
Se un Sei pensa di essere manipolato o riceve una grossa "fregatura", si dirige vero il Tre: le paure fanno in modo tale da farlo divenire servile e falso verso la persona che ha scelto come autorità. Se avverte che il pericolo aumenta, può tradire tutto e tutti, perdendo la sua dote migliore che è la lealtà. Colma il suo complesso di inferiorità sentendosi superiore e divenendo un tiranno arrogante.

Riposo in Nove
In questa fase riesce a rapportarsi meglio con gli altri e vede le situazioni da angolazioni diverse rispetto a quelle dell'in-

ganno. Riesce a vivere la vita più serenamente e a fidarsi di se stesso.

TIPO SETTE

Stress in Uno

Se tutte le sue risorse per evitare il blocco si esauriscono e non sono più efficaci, si dirige verso quelle negative dell'Uno: adotta un sistema di credenze inespugnabile, che difende in maniera aggressiva. Sviluppa intolleranza, permalosità e critica nei confronti di chi ragiona diversamente. Il suo ottimismo lascia spazio all'intolleranza e alla rigidità mentale.

Riposo in Cinque

In questo cambio di strategia riescono ad andare nel loro intimo, a guardarsi dentro e affrontare i loro incubi, riuscendo a capire che fuori ci sono false consolazioni mentre dentro di sé c'è gioia. Questo permette loro di divenire più obiettivi e introspettivi, prendendo consapevolezza e accettando l'aspetto duale della vita: felicità e tristezza, bontà e cattiveria, eventi fausti e infausti.

TIPO OTTO

Stress in Cinque

Se la paura di perdere il controllo si intensifica o esso viene perso realmente, il tipo Otto acquisisce i lati negativi del Cinque, cominciando a pensare a tutte le persone che ha colpito e a eventuali ritorsioni da parte di queste. Perde la sua proverbiale forza e vede nemici ovunque. In questa fase può divenire estremamente pericoloso e paranoico.

Riposo in Due

Il lato positivo del Due riesce a placare la sua sete di potere, portando allo scoperto il suo lato tenero. In questa fase cerca di aiutare il prossimo. Riesce a capire che è importante essere sia padroni che servitori.

TIPO NOVE

Stress in Sei

Se esaurisce le sue risorse, si avvicina ai lati negativi del Sei, aumentando la sua proverbiale pigrizia e affidandosi a una persona autoritaria che gli dica esattamente cosa fare. Il tipo Nove non ha meccanismi di difesa e quindi aumenta le sue dinamiche di narcotizzazione (programmi televisivi, hobby, dipendenze alimentari ecc.).

Riposo in Tre

In questa fase diviene più energico, costruttivo e produttivo, riuscendo a mettere meglio a fuoco situazioni e obiettivi. Riesce a eseguire un gran numero di cose in breve tempo. Acquista fiducia in se stesso prendendo in mano la propria vita e non affidandosi più agli altri. Attività e voglia di aiutare gli altri si uniscono risvegliando in lui capacità innate ed energie sopite.

Capitolo 5
Gestualità ed enneagramma

Le categorie della Satir e la loro comunicazione non verbale possono permetterci di individuare con molta più efficacia la tipologia psicologica di chi abbiamo di fronte. Per poter creare questa integrazione dobbiamo riprendere per un istante le strategie inconsce del Canale di Accesso e di Elaborazione. Quando ci rapportiamo alla realtà esterna, le informazioni seguono una strategia ben precisa. Nel grafico sottostante abbiamo l'esempio di un Cenestesico in Accesso e Auditivo in Elaborazione (il Visivo è Interiore). Quindi le informazioni, nel momento in cui entrano, devono essere di tipo cenestesico. In seguito, l'elaborazione di tali informazioni iniziali tramite il canale Auditivo.

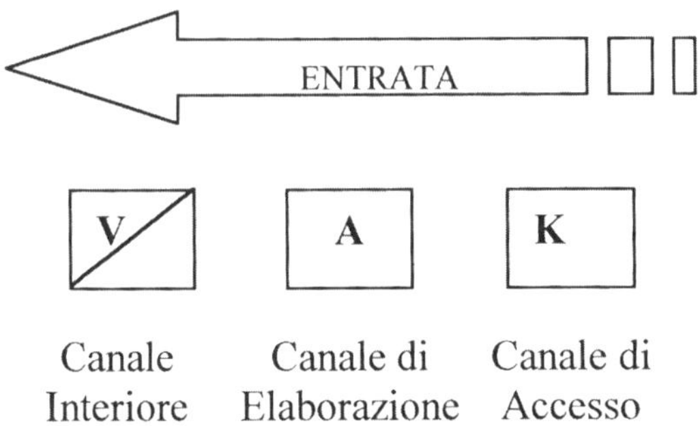

Cosa succede, invece, con l'espressione, l'uscita di informazioni? Chiaramente la freccia si inverte. Nel caso specifico sopra esaminato, elabora e pensa in Auditivo e si esprime in Cenestesico.

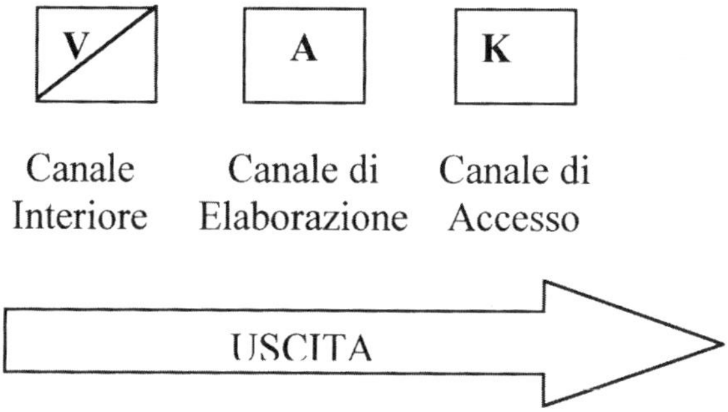

Il soggetto si esprime in modalità Cenestesica.

In precedenza abbiamo visto che esiste un collegamento tra Visivo, Auditivo, Cenestesico e Accusatore, Superlogico e Propiziatore. Ogni tipologia dell'Enneagramma ha la sua strategia ed è possibile ricavare la modalità comunicativa non verbale con cui si esprime. Ad esempio, un Perfezionista ha una strategia Visivo-Auditiva:

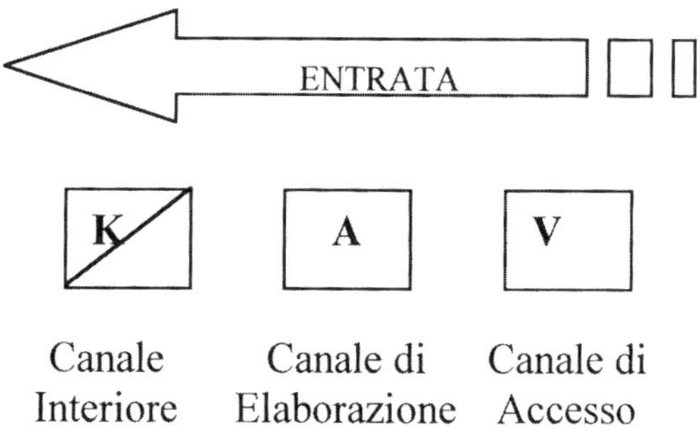

Mentre in Entrata le informazioni sono Visive e poi elaborate in Auditivo, in Uscita il Perfezionista pensa ed elabora in Auditivo per poi esprimersi in Visivo:

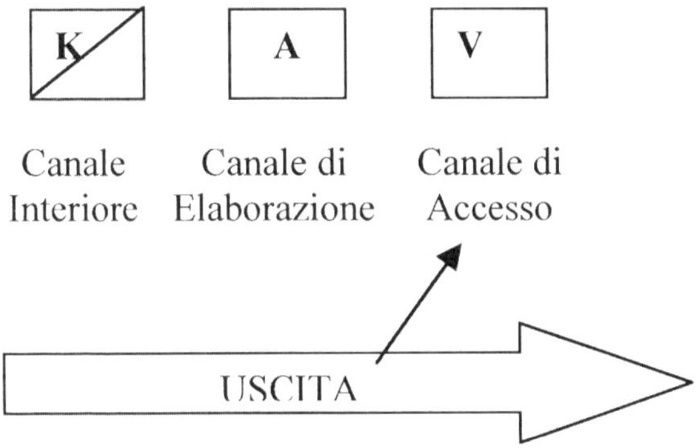

Il Perfezionista si esprime in modalità Visiva.

Ma, dato che il Visivo corrisponde all'Accusatore, il Perfezionista si esprime in **Modalità Accusatoria.** Esaminiamo in questo senso tutte le tipologie dell'Enneagramma.

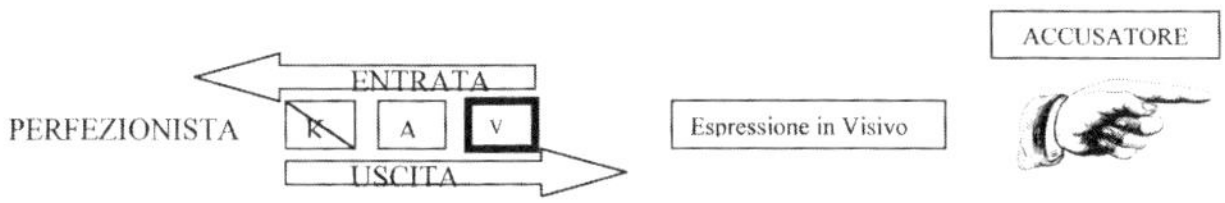
ACCUSATORE
ENTRATA
PERFEZIONISTA
K
A
V
Espressione in Visivo
USCITA

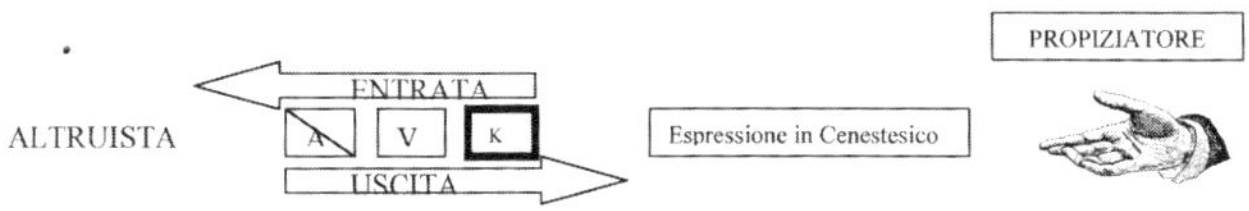
PROPIZIATORE
ENTRATA
ALTRUISTA
A
V
K
Espressione in Cenestesico
USCITA

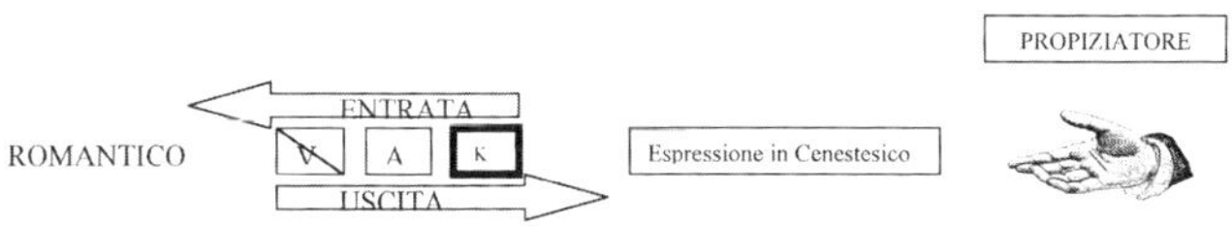
PROPIZIATORE
ENTRATA
ROMANTICO
V
A
K
Espressione in Cenestesico
USCITA

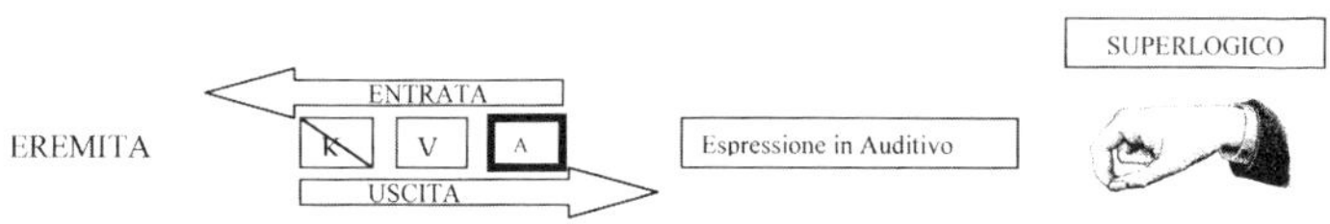
SUPERLOGICO
ENTRATA
EREMITA
K
V
A
Espressione in Auditivo
USCITA

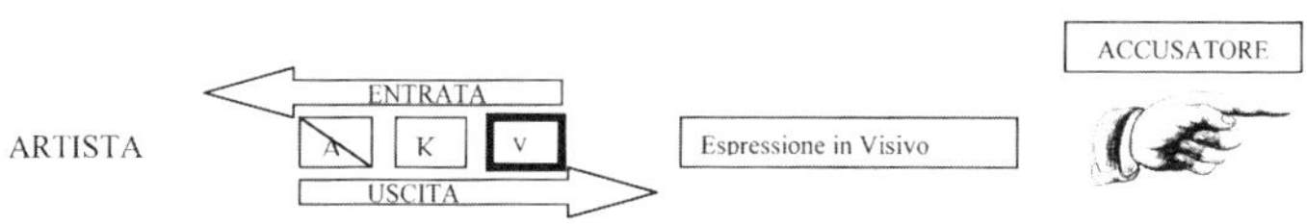
ACCUSATORE
ENTRATA
ARTISTA
A
K
V
Espressione in Visivo
USCITA

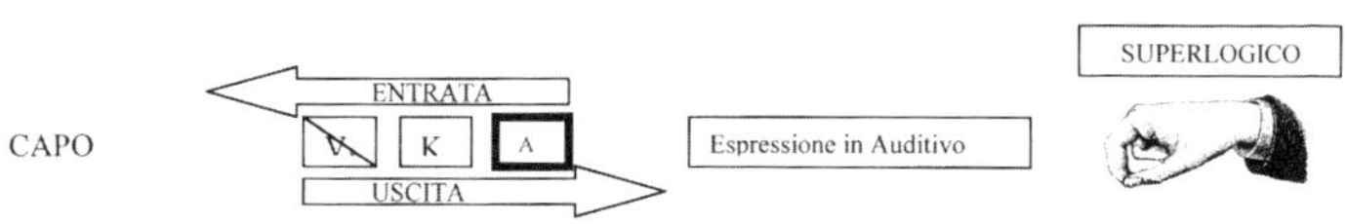
SUPERLOGICO
ENTRATA
CAPO
V
K
A
Espressione in Auditivo
USCITA

Come si può notare, mancano tre tipologie. Manager, Scettico e Diplomatico, in altre parole le figure dell'Enneagramma appartenenti al triangolo. Infatti esse invece di esprimersi con il Canale di Accesso, si esprimono con il Canale di Elaborazione. Le tipologie del triangolo sfuggono alle regole classiche esaminate in precedenza.

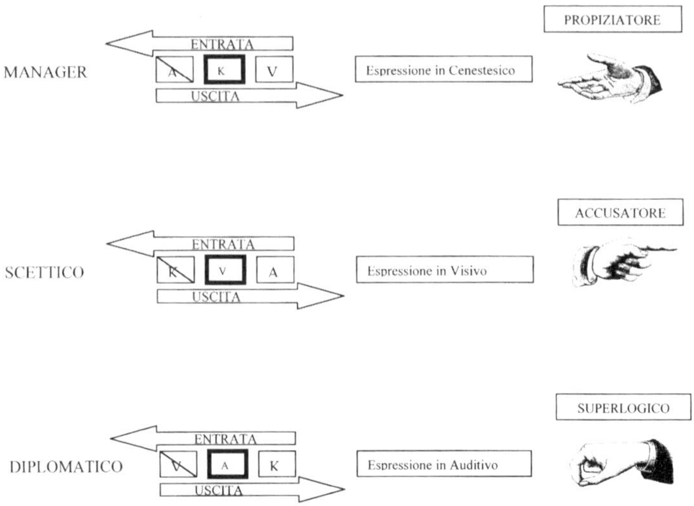

Con questo collegamento, l'individuazione della tipologia è ancora più semplice. Infatti, se il nostro interlocutore gesticola in Accusatore, possiamo collocarlo in tre figure: Perfezionista, Scettico o Artista. Quindi l'individuazione non è più da fare su nove tipologie, ma solo su tre. In seguito, grazie a qualche domanda mirata e all'estrazione della strategia, possiamo capire con efficacia chi abbiamo di fronte.

Capitolo 6
Riconoscere le tipologie

Tabella riassuntiva

TIPOLOGIA	GESTUALITÀ
Perfezionista	
Altruista	
Manager	
Romantico	
Eremita	
Scettico	
Artista	
Capo	
Diplomatico	

Per individuare la personalità del vostro interlocutore dovrete utilizzare tutti i sistemi analizzati in precedenza: decodifica del canale di accesso ed elaborazione, gestualità prevalente e domande sui criteri generali di vita. Quindi, la comprensione del tipo si articola in tre fasi:

1. scansione degli accessi oculari
2. osservazione della gestualità (queste due fasi avvengono quasi contemporaneamente)
3. a questo punto avete già un ottimo indizio sul tipo di personalità e non vi resta altro che fare alcune domande sui criteri per averne la certezza.

Ad esempio, supponiamo che abbia notato che il mio interlocutore è visivo in accesso (il canale che viene fornito nelle prime fasi della relazione) e che non abbia compreso qual è il canale di elaborazione. Però ho notato che si esprime con una gestualità propiziatrice. A questo punto dovrei chiedermi: quanti visivi in accesso vi sono nell'Enneagramma? Solo tre: Perfezionista, Manager e Artista. La seconda domanda che dovrei pormi è: quanti di questi sono propiziatori? Solo il Manager.
Per avere la conferma posso sottoporlo a qualche domanda sui criteri:

Visivo	◈Perfezionista ◈Manager ◈Artista
Auditivo	◈Eremita ◈Scettico ◈Capo
Cenestesico	◈Altruista ◈Romantico ◈Diplomatico

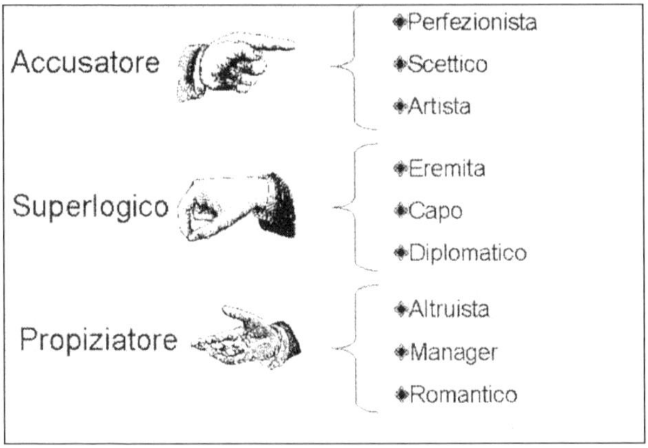

Ami il successo/proiettare un'immagine positiva? Tendi a essere iperattivo? Ami gli obiettivi a breve termine?
Se ricevo delle risposte positive alle domande appena esaminate, ho la conferma definitiva del tipo di personalità del mio interlocutore.
Facciamo qualche altro esempio: il mio interlocutore è auditivo in accesso e gesticola in Accusatore.
Quanti auditivi vi sono nell'Enneagramma? Solo tre: l'Eremita, lo Scettico e il Capo. Ma quanti di questi gesticolano in Accusatore? Solo uno: lo Scettico. In seguito, procedo con le domande sui criteri per avere la conferma:
Le tue scelte sono caratterizzate dalla ricerca di "sicurezza"? Tendi a essere diffidente? Ti concentri sull'aspetto negativo delle situazioni?
Ricordate che le risposte positive devono essere congruenti in quanto indecisione o incertezza indicano che probabilmente le domande non coincidono con i suoi criteri.
In seguito troverete due schemi che vi aiuteranno a riconoscere i tipi di personalità e le domande sui criteri. Il primo schema si riferisce solo al primo canale (Accesso) in quanto può essere quello più semplice da decodificare; il secondo si riferisce alla gestualità.

DOMANDE SUI CRITERI

1. **Perfezionista = Perfezione**: Ami l'ordine e la precisione? Ami il rispetto delle regole? Ami migliorarti?
2. **Altruista = Accettazione**: Ami fare per gli altri? Le amicizie sono importanti per la tua vita? Tendi ad accettare gli altri senza giudizi?
3. **Manager = Efficienza/Immagine Positiva**: Ami il successo/proiettare un'immagine positiva? Tendi a essere iperattivo? Ami gli obiettivi a breve termine?
4. **Romantico = Autenticità**: Odi la routine? La realizzazione personale è importante? Ti ritieni una persona autentica?
5. **Eremita = Sapere**: Ami raccogliere informazioni/aumentare il tuo sapere? Il sapere è un elemento importante?
6. **Scettico = Sicurezza**: Le tue scelte sono caratterizzate dalla ricerca di "sicurezza"? Tendi a essere diffidente? Ti concentri sull'aspetto negativo delle situazioni?
7. **Artista = Libertà di scelta**: La libertà è un valore importante? Tendi a essere iperattivo? Tendi a evitare situazioni che evocano sofferenze?
8. **Capo = Controllo**: Tendi a voler avere sotto controllo la situazione in cui operi? Il "controllo" è un elemento importante per la tua vita? Non ami essere controllato?
9. **Diplomatico = Armonia**: Ami la pace, l'armonia esterna? Tendi a essere d'accordo con i tuoi interlocutori anche se non condividi la loro opinione? Pensi che i problemi si risolvano da soli?

Capitolo 7
Differenze tra tipologie con strategie uguali

Come potete notare, vi sono delle tipologie che hanno gli stessi canali di accesso e di elaborazione: VK – Manager e Artista; AV – Eremita e Scettico; KA – Romantico e Diplomatico. In questi casi ci possono essere delle difficoltà in termini di individuazione della figura. Ma esistono delle differenze immediatamente visibili. Esaminiamo quali sono:

MANAGER • Si esprime in Propiziatore • È iper – attivo e porta a termine i lavori • Per lui il *Successo* è importante	⟷	**ARTISTA** • Si esprime in Accusatore • È iper – attivo ma non sempre porta a termine i lavori • Per lui è importante la *Libertà*
ROMANTICO • Si esprime in Propiziatore • Per lui è importante essere *Unico*	⟷	**DIPLOMATICO** • Si esprime in Superlogico • Per lui è importante seguire dei programmi
EREMITA • Si esprime in Superlogico • Per lui è importante la Conoscenza	⟷	**SCETTICO** • Si esprime in Accusatore • Per lui è importante la Fiducia

In pratica questo significa che se abbiamo di fronte un Visivo-Cenestesico, possiamo notare la comunicazione non verbale. Se tende a esprimersi con l'indice puntato, quasi sicuramente è un'Artista poiché esprime un atteggiamento Accusatore. Inoltre, dal suo modo di fare emergerà un atteggiamento penalizzante. Infatti, i tipi Sette tendono a penalizzare tramite battute scherzose. Per avere maggiore certezza, possiamo chiedergli se per lui è più importante il Successo o la Libertà. Se ci risponderà quest'ultima, è sicuramente un tipo Sette.
Questo modo di operare può essere utilizzato anche per tutte le altre tipologie.

Capitolo 8
Le ali

Un concetto molto affascinante e che completa la comprensione del sistema è quello delle "Ali". Ogni tipologia è circondata da altre due: ad esempio, il Perfezionista si trova tra il Diplomatico e l'Altruista, l'Altruista si trova tra il Perfezionista e il Manager. Il concetto delle Ali afferma che una delle due tipologie vicine tende a influire sul tipo preso in considerazione permeando la sua personalità. Personalmente non credevo nella validità di tale sistema, ma la pratica mi ha fatto cambiare idea, infatti si tratta di un fenomeno reale e che definisce meglio i tipi di personalità. Ad esempio, uno Scettico con ala Artista è più gioioso e più affabile rispetto a

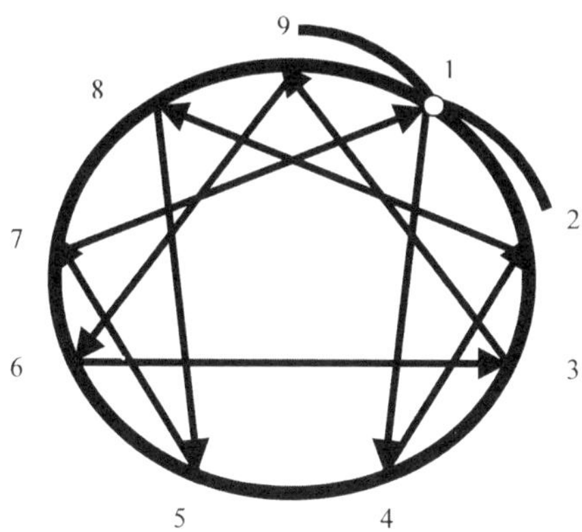

Esempio del Perfezionista che può ricevere un'influenza o dal Diplomatico o dall'Altruista

uno Scettico con ala Eremita che, invece, è più concentrato sull'analisi delle persone e degli eventi e ne evidenzia gli aspetti negativi. Naturalmente, si tratta di un'influenza lieve ed entrambe le tipologie avranno in comune tratti come l'arguzia, la paura dell'inganno e la ricerca di "sicurezza". In seguito troverete una breve descrizione dei vari sottotipi influenzati dalle Ali.

PERFEZIONISTA

Perfezionista ala Altruista

Questo sottotipo è maggiormente affabile e centrato nei rapporti interpersonali rispetto alla tipologia di appartenenza. Essendo meno concentrato sulla severità dei propri ideali, meno pungente e giudicatore, è maggiormente attento alle esigenze degli altri. Ne consegue che gli appartenenti a questa tipologia sono tolleranti, predisposti positivamente verso gli altri ed empatici. Contrariamente al Perfezionista-Diplomatico sono generosi, disponibili, gentili, di buon umore. All'interno di un team questo sottotipo può rivelarsi una figura utile perché sa relazionarsi in maniera efficace offrendo un punto di vista obiettivo e razionale.

Perfezionista ala Diplomatico

Questo sottotipo è più disgiunto rispetto alla tipologia di appartenenza, imparziale e freddo. Questa tipologia è particolarmente obiettiva e moderata nel trattare e giudicare in quanto mostra una propensione a essere "*super partes*". Ha valori prioritari: la giustizia, la verità e la razionalità, ma è meno emotivo ed espressivo dal punto di vista emozionale; compensa questa carenza con una devozione maggiore verso i princìpi morali.

ALTRUISTA

Altruista ala Perfezionista

Questo sottotipo aiuta gli altri in quanto è animato da principi morali. Ne consegue che, rispetto alla tipologia principale, possiede maggiore affidabilità e obiettività, e tratta gli altri lealmente, senza manipolarli. Possiede buone capacità relazionali e una visione coerente degli eventi. Razionalità e passione si fondono in lui dando vita a una personalità idealista animata da ardore passionale. Per questo motivo è indicato in un team dove necessita la presenza di un elemento aggregante.

Altruista ala Manager

Questo sottotipo è particolarmente portato per le relazioni esterne. Si rivela affascinante, cordiale e socievole. È estremamente sicuro di sé e manifesta benessere. È maggiormente concentrato sull'immagine sociale piuttosto che sulle qualità intellettuali o morali. Questa personalità sa conquistare gli altri rivelandosi manipolativa, è animata da due desideri: piacere agli altri e ottenere successo. Quindi, rispetto all'altro sottotipo, è meno affidabile da un punto di vista razionale ed etico; invece è bravissimo a convincere e conquistare i suoi interlocutori.

MANAGER

Manager ala Altruista

Ama essere al centro dell'attenzione e a contatto con il pubblico; essendo carismatico, riesce a conquistare la popolarità. È più emotivo rispetto alla tipologia di appartenenza, di conseguenza riesce a incoraggiare e motivare i collaboratori, ma, allo stesso tempo, è maggiormente sensibile verso le critiche. Competizione, confronto e successo relazionale sono elementi rilevanti per questo sottotipo.

Manager ala Romantico

Questa personalità è complessa e poco comune perché possiede un conflitto tra voglia di successo/immagine positiva e profondità interiore. È interessato al successo e alla competizione (come l'altro sottotipo) ma si muove in maniera più sottile e velata. È estremamente creativo: questa risorsa è utilizzata per raggiungere il riconoscimento sociale. È ambizioso e desidera che gli altri si conformino alle sue idee che sono chiare e lineari. La principale risorsa è il "pensiero convergente": si concentra sull'obiettivo concordato, tralasciando temporaneamente ogni pensiero non correlato al risultato.

ROMANTICO

Romantico ala Manager

Questo sottotipo è maggiormente portato alle relazioni interpersonali ed è più ambizioso e pragmatico rispetto alla tipologia di appartenenza. È particolarmente estroverso e possiede buone capacità di socializzazione. Cura l'immagine e ama proiettare verso l'esterno un aspetto carico di successo. Profondità interiore, energia e realizzazione si fondono dando vita a una personalità orientata alle relazioni.

Romantico ala Eremita

Questa personalità è più introversa ed è estremamente rispettosa degli altri. Si riscontra un'intensità intellettuale maggiore rispetto al tipo di appartenenza. Possiede risorse creative superiori rispetto alle altre tipologie. È insicuro da un punto di vista relazionale e non è molto abile nelle negoziazioni. Per questo motivo non è adatto a ruoli in cui vi sono frequenti contatti con il pubblico.

EREMITA

Eremita ala Romantico

In questo sottotipo razionalità e sensibilità sono fuse. Da questa unione scaturiscono persone geniali e particolarmente intuitive. Si tratta di personalità dotata di un elevato potere intellettuale, sempre alla ricerca della conoscenza.

Eremita ala Scettico

Questa personalità non ama i contatti relazionali e tende a essere distaccata emotivamente e a diffidare dei propri interlocutori. Talvolta può essere impacciato nella socializzazione ed esternare freddezza verso gli altri. È un sottotipo polemico e può rivelarsi intellettualmente arrogante. Si immerge nelle sue ricerche intellettuali non curandosi dei rapporti circostanti.

SCETTICO

Scettico ala Eremita

Questo sottotipo è competente, formale e osservatore dell'ambiente (soprattutto della gente). La sua più grande abilità consiste nel prevedere comportamenti e situazioni, infatti possiede buone capacità analitiche. È concentrato sulle azioni prospettiche dei suoi interlocutori. Gli aspetti negativi di questa personalità sono: litigiosità, cinismo e visione negativa degli eventi.

Scettico ala Artista

Questo sottotipo, rispetto alla personalità di appartenenza, è più estroverso e socievole. Si tratta di persone briose, simpatiche e amanti delle relazioni. Se particolarmente dotate e intelligenti, possono realizzarsi in aree in cui vi è contatto con il pubblico.

ARTISTA

Artista ala Scettico

Questo tipo di personalità è estremamente vivace e particolarmente attento alle persone che lo circondano. La componente Sei crea un interessante mix tra spensieratezza e arguzia. È generoso, socievole e ottimista, ma allo stesso tempo agisce in modo prudente. Tende a comportarsi in modo propiziatorio ma è vulnerabile emotivamente.

Artista ala Capo

Questa è una personalità aggressiva. Nessuno può deludere una persona appartenente a questo sottotipo senza pagarne le conseguenze. È tendenzialmente esuberante, entusiasta e ha buone capacità di comando. Rispetto alla tipologia di appartenenza, ha molta fiducia nelle sue capacità. Può impegnarsi in molteplici attività grazie a inesauribili risorse di energia. Rispetto alla tipologia di base, tende a portare a termine i suoi compiti con buoni risultati.

CAPO

Capo ala Artista

Questa è una personalità assertiva, che ama essere al centro dell'attenzione. Si tratta di persone energiche, che prendono l'iniziativa, sicure del successo che deriverà dalle azioni messe in opera. Si tratta di persone che lasciano il "segno" del loro operato. La loro magnanimità è utilizzata per il benessere del prossimo. Possiedono uno spiccato senso per gli affari ed entusiasmo che riversano nel lavoro.

Capo ala Diplomatico

Questo sottotipo è più orientato verso una coordinazione ecologica del gruppo, piuttosto che verso una gestione incentrata sul potere. Effonde tranquillità ed energia. Apparentemente è meno aggressivo, ma quando c'è la necessità esprime la sua forza. È più gentile e rispettoso rispetto alla tipologia di appartenenza. Ha un atteggiamento ambivalente: può essere intimidatore e bellicoso, ma anche accomodante e gentile.

DIPLOMATICO

Diplomatico ala Perfezionista

Al desiderio di armonia esterna si accompagnano moralità ed etica. Questo sottotipo è dotato di buonsenso ed è imparziale nelle situazioni dove svolge la sua attività. La componente "Uno" gli attribuisce uno spirito idealista particolarmente orientato al miglioramento del team. È emotivamente distaccato e raramente esprime ira o collera.

Diplomatico ala Capo

Tendenzialmente è remissivo e sottomesso ai fini del gruppo, ma la componente "Otto" gli dona forza e capacità per raggiungere i suoi obiettivi. Il Diplomatico è una personalità calma, ma in questo sottotipo si possono riscontrare attacchi di collera, soprattutto quando è in pericolo l'armonia del gruppo.

Capitolo 9
Come creare empatia con gli enneatipi

EMPATIA

Empatia è un termine divenuto un po' "di moda" soprattutto nella formazione aziendale; cerchiamo di definirlo: si tratta di un neologismo che indica uno stato in cui due o più individui provano gli stessi sentimenti. L'opposto dell'empatia, anche se non è propriamente esatto, è l'antipatia. Martin Hoffman, un ricercatore che si occupa di empatia, sostiene che questo stato si forma naturalmente a partire dall'infanzia. Infatti, nel primo anno di età un bambino prova disagio quando vede un altro farsi male cadendo per terra e può cominciare a piangere, come se fosse stato lui a farsi male. Poi, verso i due anni, si cominciano a distinguere i sentimenti propri da quelli degli altri. I bambini iniziano a focalizzarsi sui segnali degli altri che rivelano sentimenti. In seguito si rendono conto che possono comprendere la sofferenza a prescindere dal momento che vivono, provando emozioni anche per interi gruppi di persone. Un esempio di empatia si ha quando assistiamo alla sofferenza di qualcun altro e ci sentiamo spinti ad aiutarlo. Provare un sentimento insieme a un altro individuo significa **essere emozionalmente partecipi**.
Il *rispecchiamento* è un sistema per creare con il nostro interlocutore un "rapporto empatico", basato sulla fiducia e la sintonia emotiva.

RISPECCHIAMENTO ED EMPATIA

Il Rispecchiamento è uno dei metodi più potenti alla base della Programmazione Neurolinguistica. È un sistema per creare velocemente Rapport con il nostro interlocutore. La stessa parola indica un'assunzione della postura speculare a quella di chi ci è di fronte. Pensate a due innamorati. Quando sono insieme, assumono una postura identica, mimando gli stessi gesti, come in una "danza" non verbale.

Vi è una vera e propria sintonia. Quindi si tratta di riprodurre artificialmente un procedimento naturale. Quando l'inconscio di un individuo è stimolato da quello del suo interlocutore, egli cerca di interessarlo assumendo la sua postura. È come se gli dicesse: «Sono simile a te!». La comunicazione non verbale ha un ruolo fondamentale nell'empatia. Robert Levenson, psicologo della California University di Berkeley ha dimostrato come l'empatia abbia una base fisiologica. Ha condotto studi su coppie di coniugi, i quali dovevano indovinare cosa provasse il partner durante una accesa discussione. I partner venivano registrati con una videocamera e le reazioni fisiologiche misurate mentre parlavano di un problema inerente il loro matrimonio (chi deve rimproverare i figli, le spese ecc.). Poi ogni partner rivedeva la registrazione spiegando le sue emozioni momento per momento. In seguito rivedeva la registrazione cercando di indovinare lo stato emozionale dell'altro partner. Il massimo dell'empatia è stato riscontrato in quei coniugi che, mentre osservavano il partner, assumevano la stessa fisiologia, reagivano in modo analogo: se il partner aveva un'abbondante sudorazione, anche loro sudavano; se il partner aveva un calo della frequenza cardiaca, anche loro lo avevano. Mimavano le impercettibili reazioni fisiologiche del loro partner.

Invece, coloro che mantenevano il loro atteggiamento, senza mimare quello del partner, non riuscivano a indovinare lo stato emotivo del coniuge.

L'empatia è possibile quando il corpo degli interlocutori è in sincronia.

Personalmente ho condotto una serie di studi su un gruppo di studenti universitari durante gli esami. Questi studenti non avevano conseguito una preparazione soddisfacente. Li avevo addestrati al rispecchiamento e dissi loro di applicarlo con il professore (inconsapevole) durante la discussione dell'esame. I risultati furono sorprendenti. Alcuni furono in grado di dare risposte a domande a cui non avrebbero saputo ribattere normalmente. Raccontarono di sapere inspiegabilmente creare collegamenti con argomenti in maniera tale da saper rispondere e soddisfare le aspettative del professore. Altri, invece, nonostante avessero sostenuto un esame poco brillante, furono aiutati dal professore che cercò di far loro superare l'esame con un voto soddisfacente.
Quindi il rispecchiamento consiste nel ricreare la stessa fisiologia, postura del nostro interlocutore. Se chi abbiamo di fronte ha le braccia conserte, anche noi lo faremo. Se il nostro interlocutore si accarezza i capelli, possiamo imitarlo. Ma esiste un'avvertenza: non bisogna scimmiottare. Ovvero, non dobbiamo rispecchiarlo in tempo reale altrimenti potrebbe dirci: «Ma mi prendi in giro?». Se si accarezza i capelli, possiamo farlo dopo qualche attimo e non immediatamente. Un sistema efficace è quello di assumere o mimare i gesti, quando interveniamo nella discussione. Aspettiamo che finisca il suo pensiero e poi, quando cominciamo a parlare, mimiamo la sua postura.
Vi è una spiegazione neurologica del rispecchiamento.
La risposta è depositata nella corteccia visiva e nell'amigdala. Quando si vede la faccia di un individuo, l'informazione induce una scarica prima nella corteccia visiva e poi nell'amigdala.
Questo è il percorso standard che induce attività emozionale. In seguito sono stati identificati alcuni neuroni che sembrano reagire solo a particolari risposte: atteggiamenti aggressivi, di sottomissione, paura ecc. Sembra che il nostro cervello sia predisposto per reagire a particolari stimoli esterni. Ecco perché gli innamorati entrano in una sincronia di segnali empatici, che inconsciamente vengono codificati e rimandanti. Quindi,

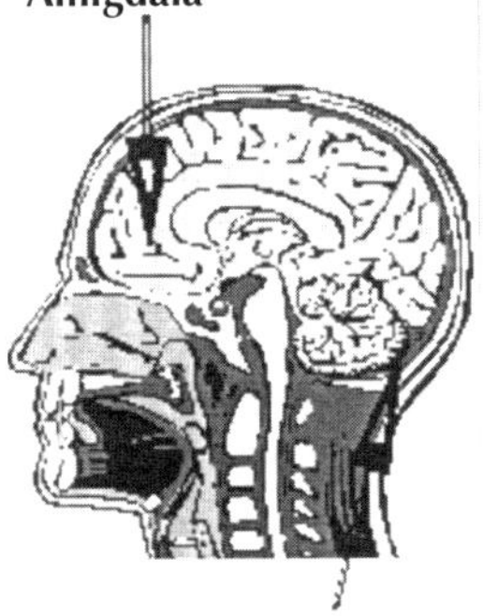

mimando la postura e la fisiologia del nostro interlocutore, rimandiamo una serie di segnali che poi vengono registrati in quei particolari neuroni, decodificandoci come persone empatiche nei suoi confronti. Infatti, il rispecchiamento permette l'instaurazione della fiducia: «Non so perché, ma sento di potermi fidare di te». Inoltre, rispecchiando, possiamo percepire lo stato emotivo di chi abbiamo di fronte, comunicare a un livello molto più profondo di quello normale.

EMPATIA ED ENNEAGRAMMA

Come si collega l'empatia con l'Enneagramma? Una volta individuata la personalità del nostro interlocutore, cosa dobbiamo fare? Lo scopo del libro consiste nel mostrare un potente sistema per creare empatia e andare d'accordo con chiunque. Personalmente ho seguito diversi corsi e seminari di comunicazione efficace, ma quando ho appreso l'Enneagramma ho capito che esiste un sistema molto più potente per stabilire Rapport. Compresi questa verità durante la pratica con la gente: quando raccontavo il loro tipo di personalità, rimanevano affascinati e si creava un forte legame; capii che questo fenomeno si manifestava perché ricalcavo i loro criteri, valori, credenze e raccontavo aspetti particolari del modo di essere. A quel tempo viaggiavo spesso in treno e mi divertivo a fare il test ai miei temporanei compagni di viaggio: si creava un'atmosfera particolare e percepivo più profondità e apertura nella conversazione. Quando uno sconosciuto è in grado di raccontare aspetti del tuo essere solo osservandoti qualche istante, ha su di te un impatto emotivo molto forte perché sembra conoscerti da molti anni. Alcune persone si sono sentite "violate" e da queste esperienze ho compreso che bisogna essere molti sensibili e attenti nei confronti dei nostri interlocutori. Al primo segnale di chiusura è meglio sospendere qualsiasi intervento. La tecnica che voglio insegnarvi per stabilire Rapport si divide in due fasi:

1. ricalco su criteri, credenze e comportamenti;
2. assunzione di un ruolo comportamentale complementare.

Quest'ultimo punto è importante perché ogni figura dell'Enneagramma è stimolata da un'altra in quanto una è il complemento dell'altra. Ad esempio, l'Artista tende a voler ricevere dagli altri e a "godere dei piaceri della vita" senza nessuno che ostacoli la sua libertà; qual è l'enneatipo che tende a soddisfare le aspettative degli altri e a essere molto tollerante? L'Altruista è la personalità che stimola un tipo Sette. A sua volta il tipo Due è stimolato da un tipo di personalità che vuole essere compiaciuta e che tende a sfuggire al suo controllo (la voglia di libertà dell'Artista non fa sentire l'Altruista completamente accettato; per questo motivo tenderà a compiacerlo sempre).

Quindi, in una prima fase è importante ricalcare criteri, valori e credenze del nostro interlocutore; in seguito, per creare una maggiore empatia, bisogna assumere un ruolo complementare che potete individuare nella tabella seguente.

TIPOLOGIA	COMPULSIONE	FIGURA COMPLEMENTARE CON LA RELATIVA COMPULSIONE
Perfezionista	Imporre le sue regole e conoscenze – amante della razionalità	Tipo Cinque: *divoratore* di informazioni, personalità estremamente razionale
Altruista	Compiacere ed essere indispensabile	- Tipo Tre: ricerca il successo, qualcuno che lo aiuti a raggiungerlo ed essere compiaciuto - Tipo Sette: ama ricevere ed essere compiaciuto
Manager	Raggiungere il successo	Tipo Due: aiuta, compiace e vuole rendersi indispensabile
Romantico	Sentirsi autentico, ricercare qualcuno che lo aiuti a concretizzare le sue idee e che gli sia fedele	Tipo Otto: possessivo, protettivo, concreto e leale verso chi si lascia controllare
Eremita	Sete di conoscenza e sapere	Tipo Uno: ama fare il *maestro* nella materia in cui si specializza
Scettico	Vuole sicurezza, affidabilità e rispetto delle regole	Tipo Uno: tende a essere onesto, rispetta le regole e gli impegni presi
Artista	Vuole la libertà, qualcuno che lo compiaccia e che sia focalizzato più sul "dare" che sul ricevere	Tipo Due: tende a compiacere e a tollerare le *stravaganze* del Sette pur di sentirsi accettato
Capo	Ama il controllo e il possesso	Tipo Quattro: tende a farsi controllare in cambio di lealtà e fedeltà. Inoltre, a volte sfugge dal controllo dell'Otto, intrigando quest'ultimo che cerca di riconquistarlo
Diplomatico	Pigrizia decisionale e amore per gli ambienti che decidono per lui	Tipo Otto: esercita controllo e fornisce programmi di azione

Per ogni tipo sono elencati Credenze, Valori e Criteri; chiaramente, oltre a quelli descritti, ogni individuo ne possiede altri. In questa sede sono trattati solo quelli generici che sono comuni a persone appartenenti alla medesima tipologia.

COME CREARE RAPPORT CON IL PERFEZIONISTA

Credenze: il divertimento e il piacere devono essere meritati. Le cose o sono giuste o sono sbagliate.
Valori: migliorare se stessi/moralità
Criterio: perfezione

- **Lasciategli esprimere le sue idee**: il Perfezionista ama comunicare agli altri le sue idee assumendo un ruolo da "maestro"; evitate di fermarlo o criticarlo.
- **Evitate l'aggressività**: evitate di essere assertivi o aggressivi nei suoi confronti; rischiate di innescare una "escalation simmetrica" con conseguenze devastanti per il rapport.
- **Accettate il suo sistema di regole**: il Perfezionista ha un suo sistema di regole e ama che gli altri le rispettino. Cercate di scoprirle e mostrategli di rispettarle.
- **Siate estremamente logici e obiettivi**: evitate reazioni o comportamenti dettati dalle emozioni. Comportatevi razionalmente e argomentate le vostre opinioni con fatti obiettivi.
- **Siate puntuali**: se avete un appuntamento, siate precisi. Altrimenti preparatevi un'ottima e valida ragione per giustificarvi.
- **Evitate di criticarlo e rispettate i suoi ideali di perfezione**: i Perfezionisti hanno sviluppato una serie di ideali che difendono con tutte le loro forze. Scopriteli e condivideteli fin dove vi è possibile farlo. Se li attaccate, avranno un buon pretesto per far scattare la loro rabbia repressa.

- **Evitate di contraddirlo e giudicarlo:** tendono a volere avere sempre ragione; se il vostro obiettivo è stabilire Rapport con loro, ponetevi in accordo con loro (fin dove è possibile) ed evitate di giudicarli e criticarli (elementi da cui fuggono).

Modalità comportamentale: tipo Cinque

- Fatelo sentire un po' maestro e guida nei vostri confronti
- Mostratevi interessati sinceramente alle sue conoscenze e disponibili ad apprenderle
- Siate passivi e non attivi in quanto è lui a prediligere questo ruolo
- Siate estremamente logici e obiettivi

COME CREARE RAPPORT CON L'ALTRUISTA

Credenze: i bisogni degli altri sono molto importanti per lui; gli altri devono essere felici per merito suo
Valori: amicizia/aiutare gli altri
Criterio: accettazione

- **Fornitegli approvazione e fatelo sentire privilegiato**: l'approvazione è un elemento molto ricercato dall'Altruista. Se gli fate percepire approvazione e un certo senso di privilegio nei vostri confronti, si creerà una forte empatia.
- **Fatelo sentire indispensabile**: inconsciamente ama divenire indispensabile per le persone che orbitano attorno a lui; qualche volta chiamatelo per farvi fare qualche piccolo favore e ringraziatelo.
- **Siate amichevolmente decisi e direttivi nei suoi confronti**: le persone assertive e decise stimolano molto l'Altruista (non penalizzanti); quando lo incontrate, ponetevi in ruolo attivo nella relazione.
- **Ponetevi in maniera emozionale e cenestesica**: siate emozionali e amichevoli in quanto ama questo tipo di approccio; evitate la freddezza e il distacco relazionale.

- **Quando fa qualcosa per voi, ringraziatelo e fatelo sentire apprezzato**: ricordatevi di ringraziarlo e apprezzarlo quando vi offre il suo aiuto. Questo lo fa sentire amato; un comportamento opposto potrebbe indispettirlo.

MODALITÀ COMPORTAMENTALE: TIPO TRE
- Dategli dei compiti da fare
- Ponetevi in ruolo attivo e non passivo
- Fatelo sentire privilegiato e indispensabile
- Mostratevi come una persona di successo
- Siate amichevolmente decisi e direttivi nei suoi confronti

COME CREARE RAPPORT CON IL MANAGER

Credenze: il proprio valore dipende da quanto successo si ottiene/portare a termine i propri compiti; bisogna rendere per ricevere affetto
Valori: tradizionalista (ricalca i valori del gruppo: famiglia/religione)
Criterio: successo/immagine positiva/efficienza

- **Fatelo sentire ammirato e pieno di successo**: quando vi relazionate con il Manager, enfatizzate i suoi successi professionali e sociali, infatti ama ostentarli.
- **Ponetevi in maniera efficiente**: siate efficienti e direttivi nelle azioni. Non ama le persone indecise e lente. I suoi ritmi sono elevati e non ama aspettare chi non riesce a reggerli.
- **Evitate di ignorarlo o di evidenziare i suoi difetti**: evitate di ignorare la sua presenza, ama essere al centro dell'attenzione. Inoltre, evitate di muovere critiche verso i suoi difetti, soprattutto di fronte ad altre persone: se appannate la sua immagine farà di tutto per vendicarsi.
- **Non chiamatelo "perdente"**: il fallimento è il suo incubo peggiore e vincere è la molla che lo motiva nelle azioni. Se lo chiamate "perdente" attirerete le sue ire.

Modalità comportamentale: tipo Due

- Soddisfate le sue aspettative
- Ponetevi in ruolo passivo e accomodante
- Esaltate i suoi successi davanti ai suoi amici
- Mostratevi come un potenziale "braccio destro" che può aiutarlo a raggiungere i suoi obiettivi (non un concorrente)
- Mostratevi come persone decise nella vita (efficienza e concretezza), ma *caldi* amici con lui

COME CREARE RAPPORT CON IL ROMANTICO

Credenze: Solo un relazione speciale può catalizzare le sue capacità; si ritiene unico e speciale
Valori: realizzare se stessi/amicizia profonda
Criterio: autenticità/unicità

- **Fatelo sentire una persona unica e speciale**: i Romantici si distinguono per qualcosa di unico e speciale (abbigliamento, lavoro ecc.). Quando scoprite l'elemento che lo caratterizza, enfatizzatelo in modo da farlo sentire autentico.
- **Aiutatelo a focalizzare i suoi obiettivi dandogli delle direttive di azione**: ama le persone assertive (non penalizzanti) che gli forniscono direttive di azione. Questo colma la sua scarsa volontà.
- **Se vi mostrano una loro creazione, enfatizzatela**: amano moltissimo le loro opere con cui si identificano (una poesia, una canzone, un racconto, un progetto ecc.). Se le criticate o le giudicate, lo ritengono come un affronto personale. Se invece le enfatizzate, si sentiranno apprezzati profondamente.
- **Evitate di comportarvi in maniera superficiale**: giudicano negativamente tutti i comportamenti e i discorsi superficiali. Amano i discorsi profondi e tutti quegli scambi relazionali mirati a sondare l'essenza degli individui.

MODALITÀ COMPORTAMENTALE: TIPO OTTO

- Siate decisi ed esprimete forza nel vostro modo di agire
- Fatelo sentire sicuro e protetto esercitando un sottile controllo su di lui
- Aiutatelo a focalizzare i suoi obiettivi fornendo direttive e piani di azione
- Mostratevi leali e persone di cui ci si può fidare
- Ponetevi in ruolo attivo

COME CREARE RAPPORT CON L'EREMITA

Credenze: la logica è estremamente importante; il sapere e la conoscenza sono l'unica cosa su cui contare
Valori: la mente e il pensiero
Criterio: sapere

- **Mostratevi come detentori di conoscenza**: sono stimolati da tutte le fonti di sapere e conoscenza. Se avete la possibilità di erogare sapere, questo rappresenta un ottimo elemento per interessarli.
- **Basate le vostre argomentazioni esclusivamente sulla logica bandendo l'emotività**: i tipi Cinque sono estremamente razionali. Se vi ponete in maniera emozionale, *vibrate a una frequenza diversa*: non vi presteranno attenzione. Argomentate le vostre opinioni sostenendole con la logica.
- **Non invadete i suoi spazi (salvo che non vi inviti lui) e non siate opprimenti nel ricercarlo**: la sua privacy è un elemento sacro; per questo motivo evitate invasioni non autorizzate o feste a sorpresa. Pianificate attentamente con lui gli appuntamenti. Per comunicare con lui utilizzate il telefono, internet e tutti quegli strumenti che aumentano le distanze.
- **Mostratevi sinceramente interessati alle sue idee**: la loro logica li porta a elaborare idee particolarmente innovative che non sono accessibili a tutti. Se vi mostrate interessati a esse, si sentiranno in sintonia con voi.

- **Non mettete in discussione le sue competenze**: le sue competenze sono notevoli e sostenute dalla razionalità. A volte sono arroganti da un punto di vista intellettuale. Per questo motivo evitate di attaccare il loro sapere.

Modalità comportamentale: tipo Uno
- Mostratevi logici e rispettosi della sua privacy
- Siate controllati da un punto di vista emotivo e morale
- Mostratevi intellettualmente preparati
- Ponetevi in ruolo attivo

COME CREARE RAPPORT CON LO SCETTICO

Credenze: esporsi troppo è pericoloso. Niente è quello che sembra. La vita è piena di pericoli e problemi
Valori: fedeltà/affidabilità
Criterio: sicurezza

- **Mostratevi affidabili e rispettosi nei confronti dell'autorità e delle regole:** l'affidabilità è un elemento estremamente importante per lo Scettico; se vi mostrate superficiali e irresponsabili perderete la sua fiducia. Inoltre, mostratevi rispettosi delle regole sociali perché lui teme che il non rispettarle possa essere causa di cambiamenti improvvisi e novità.
- **Siate logici e non emotivi:** il tipo Sei predilige un tipo di comunicazione razionale; evitate l'emotività e tutti quei comportamenti estremamente "amichevoli" (almeno nei primi approcci).
- **Assumete un atteggiamento positivo nei loro confronti:** per natura sono pessimisti; ponetevi in maniera positiva e propositiva, incoraggiandoli nelle loro iniziative.
- **Voi e lui siete un gruppo**: fatelo sentire coalizzato con voi contro coloro che giudica nemici (il tipo Sei tende quasi sempre a identificare ostile qualche gruppo o persona).

- **Quando dovete aiutarlo a decidere, mostrategli poche e semplici opzioni**: evitate di mostrargli troppe scelte di azione perché potrebbe scoraggiarsi; siate semplici, logici e prospettate solo un paio di opzioni.
- **Se volete proporgli una novità (verso le quali sono diffidenti), rassicuratelo immediatamente che siete dalla sua parte**: le novità sono vissute come pericolosi cambiamenti delle regole (elemento che gli genera sicurezza). Se volete proporgli qualche novità rassicuratelo mostrandogli che la sua vita resterà sicura e che siete sinceramente interessati al suo benessere.
- **Evitate di esercitare pressione su di essi al fine di ottenere qualcosa**: l'unico risultato che otterrete è quello di renderli ansiosi.

MODALITÀ COMPORTAMENTALE: TIPO UNO

- Siate affidabili e rispettosi delle regole
- Sostenete le vostre argomentazioni con la logica
- Ponetevi come "autorità" di cui ci si può fidare
- Dimostrate di essere in grado di aiutarlo a prendere grosse decisioni/una "spalla" su cui contare per decidere e alleviare il peso delle responsabilità
- Ponetevi in ruolo attivo verso gli altri, ma non direttamente con lui

COME CREARE RAPPORT CON L'ARTISTA

Credenze: la vita è un "parco divertimenti". Se non hai la possibilità di scegliere, sei finito
Valori: libertà
Criterio: libertà di scelta

- **Fatelo sentire libero e senza vincoli**: la libertà è un elemento fondamentale per l'Artista. Permettetegli di muoversi senza porvi come intralcio.

- **Non siate pressanti nel ricercarlo**: evitate di essere appiccicosi, lui ama sentirsi libero nel suo eterno movimento. Deve sentirsi libero di potervi contattare quando vuole (gli crea un senso di libertà relazionale).
- **Sintonizzatevi sulla sua allegria e spensieratezza**: generalmente ama circondarsi di gente allegra e spensierata. Rispecchiate la sua allegria ed evitate di essere pessimisti, seri e rigidi.
- **Fategli esprimere il suo naturale carisma evitando giudizi e restrizioni**: ama essere al centro dell'attenzione, esprime la sua allegria e il suo naturale carisma; evitate di criticarlo e di bloccarlo con giudizi svalutanti.

MODALITÀ COMPORTAMENTALE: TIPO DUE

- Soddisfate le sue aspettative ponendovi in ruolo passivo
- Cercate di seguire le sue stravaganze senza ostacolare la sua iperattività
- Siate estremamente tolleranti
- Non siate pressanti nel ricercarlo
- Non addossategli responsabilità e impegni

COME CREARE RAPPORT CON IL CAPO

Credenze: il mondo è un posto crudele e spietato dove solo il più forte sopravvive. La gente o è con lui o è contro di lui.
Valori: lealtà/forza
Criterio: controllo

- **Riconoscete la sua forza e concedetegli il possesso vostro e della situazione**: il Capo ama essere riconosciuto come leader; nei primi approcci consentitegli di controllare la situazione e di farvi gestire.
- **Evitate di sfidare o ignorare la sua autorità**: se sfidate la sua autorità o lo ignorate, attirate la sua attenzione nega-

tivamente e cercherà lo scontro diretto. Invece, se è lui a sfidarvi, accettate lo scontro affrontandolo lealmente. Evitate di far presa sul suo animo gentile o di ingannarlo: vi colpirà senza pietà.

- **Evitate di mostrarvi indecisi e indiretti nelle azioni**: il Capo valuta le persone in base alla forza (fisica o caratteriale); se vi mostrate deboli o poco sicuri in quello che fate, non conquisterete mai la sua stima.

Modalità comportamentale: tipo Quattro
- Ponetevi in ruolo passivo e lasciatevi controllare
- Concedete controllo in cambio di lealtà nei suoi confronti
- Ogni tanto sfuggite al suo possesso: questo comportamento stimola il Capo infatti, se vi fate controllare completamente, perde ogni interesse

COME CREARE RAPPORT CON IL DIPLOMATICO

Credenze: i problemi si risolvono da soli. Si ritiene una persona soddisfatta che non ha particolari esigenze
Valori: pace/armonia
Criterio: armonia/serenità

- **Se ve lo concede, pianificategli la giornata**: il Diplomatico ama avere meno responsabilità e problemi possibile. Se gli pianificate le attività giornaliere o gli affidate dei compiti da svolgere, si sentirà alleviato da possibili problemi (pigrizia mentale e decisionale).
- **Fatelo partecipare alle vostre attività**: la partecipazione è l'elemento che è mancato nella sua infanzia, lo ricerca e lo stimola intensamente. Fatelo partecipare alla vostre iniziative tutte le volte che potete.
- **Ponetevi in maniera positiva senza soffermarvi sulle problematiche**: evitate il pessimismo o di focalizzare la

sua attenzione su eventuali problematiche (elemento che evita); siate positivi e propositivi.

- **Evitate di esercitare pressioni decisionali su di lui**: se lo spingete a prendere decisioni, otterrete una chiusura testarda nei vostri confronti.
- **Evitate di inserirlo in ambienti turbolenti o in cui è necessario prendere delle posizioni nette**: quello che evita è la disarmonia. Evitate di portarlo in gruppi o ambienti in cui vi sono scontri o litigi frequenti. La sua propensione a ricreare l'armonia, nel lungo periodo, può sottrargli energie.

Modalità comportamentale: tipo Otto

- Mostratevi forti e sicuri
- Ponetevi in ruolo attivo
- Ponetevi come una forte guida nei suoi confronti
- In caso di rapporto sentimentale, ponetevi come l'altra metà mancante che vuole fondersi con lui; il tipo Nove è alla ricerca di una persona con cui fondersi e vuole identificarsi con i suoi bisogni.

Capitolo 10
Ipno-word: le parole che affascinano

Le Ipno-Word sono delle particolari parole che creano uno stato emozionale piacevole e che predispongono al consenso. Sono degli ancoraggi auditivi che, quando sono attivati, provocano lo stato d'animo disponibile. Ognuno di noi ha dentro centinaia di queste parole, ma quelle che ci interessano per i nostri fini sono poche. Ad esempio, se a un mio amico chiedo perché vuole comprare un nuovo computer e lui mi risponde: «Ho bisogno di un Pc pratico ed economico», posso estrarre da questa frase due Ipno-Word: Pratico – Economico. Infatti, se io volessi vendergli un computer dovrei dirgli: «Ti interesserebbe il mio computer? Ha una serie di funzioni che lo rendono molto pratico ed è economico sia nel prezzo sia nei ricambi». In lui si attiverà una predisposizione all'acquisto in quanto ho utilizzato le Ipno-Word legate a esso. Altro esempio: sono un venditore di auto e il mio cliente sembra indeciso sull'acquisto: «Per quale motivo vuole acquistare un'auto nuova?». «La mia è vecchia. Ne vorrei una comoda e resistente nel tempo!». Dopo un po' gli dirò: «Penso di avere quello che fa per lei, quest'auto è estremamente comoda. Inoltre è quella che dai test è risultata più resistente nel tempo!». Le parole devono essere utilizzate in maniera uguale. Se mi dice pratico, non gli dirò praticità. Inoltre, mi sembra ovvio che quello che dite dovrà essere seguito da fatti concreti in quanto, se poi la macchina non è resistente e comoda, preparatevi a essere trattati come imbroglioni. *Convincere* significa *vincere insieme* e

questo è un sistema per dare a entrambi le parti quello che vogliono. Tornando all'esempio della vendita dell'auto, se non c'è un'auto comoda e resistente, sarebbe meglio rinunciare alla vendita piuttosto che forzare l'acquisto e creare un potenziale nemico che dirà di essere stato imbrogliato.
Le Ipno-Word più potenti sono contenute nella Sfida. La Sfida consiste nell'impegno che si ha in quel preciso momento, dove si mettono tutte le proprie energie per realizzarlo. Per estrarle basta chiedere: «Dove metti tutte le tue energia ora? Qual è la tua sfida?». Per esempio, una persona potrebbe rispondermi: «Mi sto impegnando per la mia realizzazione professionale». Realizzazione professionale è un'Ipno-Word molto potente. Infatti se voglio, ad esempio, farlo partecipare a un corso potrei dirgli: «È un percorso di crescita che aiuta nella realizzazione professionale!». Sembra una tecnica semplice, ma vi assicuro che è molto potente.
Ma si può andare oltre. Ogni figura dell'Enneagramma ha delle Ipno-Word universali che potete sapere in anticipo. Una volta individuata la tipologia che avete di fronte, potete direttamente utilizzare determinate parole all'interno dei vostri discorsi o della vostra proposta, senza fare ulteriori domande. Ad esempio, una volta passeggiavo con delle persone. Tra queste vi era una ragazza tipo Sette (Artista) che chiacchierava con una sua amica. A un certo punto dissi: «Mi piace essere uno spirito libero!». La reazione fu incredibile: lasciò la sua amica e cominciò a parlare con me esordendo: «Anch'io sono uno spirito libero!». Infatti, questa è una potente Ipno-Word per l'Artista.
Nell'elenco sottostante sono riportate le principali Ipno-Word delle tipologie.

1. **Perfezionista**: precisione, perfezione, fare le cose per bene, migliorarsi sempre di più.
2. **Altruista**: essere indispensabili, compiacere, privilegio, accettazione.
3. **Manager**: successo, efficienza, raggiungere gli obiettivi.

4. **Romantico**: autenticità, unicità, amore perfetto, profondità.
5. **Eremita**: sapere, conoscenza, logica, razionalità.
6. **Scettico**: Sicurezza, fiducia, *noi contro loro*, lealtà.
7. **Artista**: libertà, spirito libero, divertimento, piacere.
8. **Capo**: controllo, giustizia, forza, potere.
9. **Diplomatico**: armonia, amore universale, pace, partecipazione, fusione.

Appendice
Uno sguardo sui tipi somiglianti

PERFEZIONISTA/MANAGER
ELEMENTO COMUNE: OPEROSITÀ – IMMAGINE

Queste tipologie possono essere confuse per la loro dinamicità e il loro senso per gli affari. Inoltre il Manager in molte situazioni è tradizionalista (incorporazione dei valori sociali), aspetto che lo accomuna al tipo Uno. Entrambi sono esteti e legati all'immagine che si proietta all'esterno. Inoltre il Manager come il tipo Uno è sensibile alle critiche: il tipo Tre tende a pensare che è criticato per invidia del suo successo. La differenza consiste nel forte attaccamento all'ordine e alle regole da parte del Perfezionista; invece il Tre preferisce l'efficienza e il successo. Inoltre la strategia comunicativa del Perfezionista è penalizzante mentre quella del Manager è più propiziatrice ed emozionale.

Domande per eliminare le similitudini	1	3
La volontà è più importante dell'intelligenza?	No	Sì
È più importante rispettare le regole che raggiungere il successo?	Sì	No

PERFEZIONISTA/ROMANTICO
ELEMENTO COMUNE: MORALISMO

Entrambi sono "perfezionisti" nei rapporti sentimentali, la loro attenzione tende a essere concentrata sulla ricerca dell'amore perfetto. Inoltre, molti Uno in fase di stress si identificano nel Quattro (depressione, disistima, malinconia, sofferenza emotiva). La differenza risiede nella ricerca della perfezione in tutti gli ambiti da parte del Perfezionista; il Quattro, spesso e volentieri, è disordinato (elemento odiato dall'Uno) e molto più emozionale.

Domande per eliminare le similitudini	I	4
Ti reputi una persona un po' disordinata?	No	Sì
È più importante essere razionali che istintivi nella vita?	Sì	No

PERFEZIONISTA/EREMITA
ELEMENTO COMUNE: RAZIONALITÀ

Entrambi sono iperlogici e stimolati dallo sviluppo intellettuale. Infatti, il tipo Uno ama divenire specialista in alcune materie che lo appassionano particolarmente. La differenza consiste nell'eccessivo accumulo di sapere da parte del Cinque e nel rispetto delle regole del Perfezionista (Super Io). Infatti l'Eremita spesso potrebbe non rispettarle (Io).

Domande per eliminare le similitudini	I	5
Se qualcuno attacca i tuoi ideali, li difendi con rabbia a tutti i costi?	Sì	No

PERFEZIONISTA/SCETTICO
ELEMENTO COMUNE: RISPETTO DELLE REGOLE – ONESTÀ

La somiglianza tre queste due tipologie è sconcertante. Entrambi sono rispettosi delle regole, razionali, amanti dell'ordine e dell'onestà. A causa di questi elementi in comune può risultare difficile distinguerli. La differenza risiede nella ricerca dell'autorità e della sicurezza da parte del Sei e nella difficoltà a prendere autonomamente decisioni importanti.

Domande per eliminare le similitudini	1	6
Hai difficoltà a prendere in maniera autonoma grosse decisioni?	No	Sì
Quando hai una tua opinione, difficilmente la metti in discussione?	Sì	No

PERFEZIONISTA/CAPO
ELEMENTO COMUNE: RISPETTO PER LE REGOLE

Una piccola somiglianza risiede nel rispetto delle regole, ma mentre il Perfezionista obbedisce alle regole esistenti, il Capo tende a imporre le sue.

Domande per eliminare le similitudini	1	8
Ti reputi l'autorità e tendi a imporre regole che sovrastano quelle vigenti?	No	Sì
È più importante rispettare le regole che mantenere il controllo della situazione in cui operi?	Sì	No

ALTRUISTA/MANAGER
ELEMENTO COMUNE: SUCCESSO/VANITÀ

La somiglianza risiede nella voglia di raggiungere il successo sociale, nella preoccupazione per l'aspetto esteriore e nel voler attirare l'attenzione altrui. Ma mentre il Due tende ad agire dietro le quinte senza esporsi direttamente, il Tre tende a essere più diretto e "cattivo" nei confronti di chi gli sbarra la strada verso il successo.

Domande per eliminare le similitudini	2	3
Ami agire direttamente ponendoti in prima linea per il raggiungimento dei tuoi obiettivi?	No	Sì
Ami ottenere approvazione in cambio dell'aiuto che fornisci nei confronti di chi ti circonda?	Sì	No

ALTRUISTA/ARTISTA
ELEMENTO COMUNE: LIBERTÀ

Gli Altruisti più iperattivi tendono a essere confusi con gli Artisti in quanto sono sempre in movimento e alla ricerca del divertimento: inoltre, i Sette spesso sorprendono gli altri con atti di generosità e disponibilità. A complicare il riconoscimento delle tipologie si vi è anche un altro elemento: molti Altruisti reclamano la libertà (esigenza creata dall'eccessivo soddisfacimento dei bisogni altrui e con la conseguente repressione delle proprie esigenze). L'Artista, invece, ha sempre questa esigenza e se mettete alle strette un tipo Due chiedendogli di scegliere tra la persona amata e la libertà, opta per la prima.

Domande per eliminare le similitudini	2	7
Tendi ad anteporre le tue esigenze a quelle degli altri?	No	Sì
Rinunceresti a buona parte della tua libertà per la persona amata?	Sì	No

ALTRUISTA/DIPLOMATICO
ELEMENTO COMUNE: ALTRUISMO

Entrambe le tipologie sono generose e disponibili verso gli altri: la differenza risiede nella eccessiva disponibilità del Diplomatico (totale incorporazione dei bisogni altrui) e nell'amore verso la routine. Inoltre, l'Altruista tende ad avere un aspetto manipolativo che è completamente assente nel tipo Nove.

Domande per eliminare le similitudini	2	9
Per te è più importante partecipare all'attività altrui (anche se non è utile) piuttosto che ricevere approvazione?	No	Sì
Tendete a stabilire contatti con persone che possono aiutarvi nel raggiungimento dei vostri obiettivi?	Sì	No

MANAGER/ARTISTA
ELEMENTO COMUNE: IPERATTIVITÀ

Entrambi sono iperattivi, legati all'immagine esterna e al conseguimento del successo. I Sette amano essere "sotto i riflettori". La differenza consiste nell'affidabilità del Tre che porta a termine i progetti che intraprende, contrapposta alla poca costanza del Sette, che potrebbe lasciare a metà quello che ha iniziato per lanciarsi in un nuovo progetto che lo stimola maggiormente.

Domande per eliminare le similitudini	3	7
Tendi a lasciare i compiti a metà se sei stimolato da qualcos'altro?	No	Sì
Sacrificheresti buona parte della tua libertà in cambio del "successo"?	Sì	No

MANAGER/CAPO
ELEMENTO COMUNE: AMBIZIONE

Sia il Tre che l'Otto sono ambiziosi e amanti di tutto quello che è bello; mirano a posizioni di potere, ma mentre il Tre lo fa per ricevere riconoscimenti sociali, il Capo desidera semplicemente il controllo e il potere della situazione in cui opera. Inoltre, mentre il Tre potrebbe scaricare un collaboratore se avverte che nell'aria vi è pericolo di "fallimento", un Capo protegge chi si trova sotto la sua protezione e se ne assume le responsabilità.

Domande per eliminare le similitudini	3	8
Avere sotto il tuo controllo uomini e mezzi è più importante del successo sociale?	No	Sì
Se un tuo collaboratore (o amico) sbaglia e difenderlo minaccerebbe la tua immagine, lo lasci al suo destino?	Sì	No

ROMANTICO/EREMITA
ELEMENTO COMUNE: ISOLAMENTO

Spesso i Quattro sono così inibiti nei rapporti (sensi di colpa, inadeguatezza o vergogna) da poter essere scambiati per dei Cinque; inoltre, possono passare dei periodi di forte isolamento a causa della loro tendenza alla depressione e i Quattro con ala Cinque sono degli studiosi incredibili (elemento che li accomuna all'Eremita). La differenza risiede nell'emotività del Quattro e nella estrema razionalità del Cinque. Entrambi possiedono iperlogicità, ma mentre il Romantico razionalizza sulle sue emozioni, l'Eremita ha una visione totalmente logica della vita.

Domande per eliminare le similitudini	4	5
Vivere le esperienze a livello mentale è molto appagante?	No	Sì
È più importante vivere seguendo le emozioni piuttosto che la logica?	Sì	No

ROMANTICO/ARTISTA
ELEMENTO COMUNE: CREATIVITÀ

Vi è una forte somiglianza tra le due tipologie: entrambe sono creative e incarnano il prototipo dell'artista; il Quattro, però, rinuncia a una fetta della sua libertà nei rapporti sentimentali dove, a causa della paura di essere abbandonato (turbamento infantile), accetta delle limitazioni che comunque non devono minacciare troppo il suo desiderio di autorealizzarsi. Invece il Sette, se bloccato, potrebbe rinunciare alla persona amata. Inoltre, mentre il Quattro non ha paura dell'introspezione e di scoprire sofferenze interiori, l'Artista preferisce essere sempre in movimento per evitare questo viaggio interiore doloroso.

Domande per eliminare le similitudini	4	7
Ami sperimentare le situazioni senza andare troppo in profondità?	No	Sì
Rinunceresti a un po' della tua libertà per la persona amata?	Sì	No

ROMANTICO/DIPLOMATICO
ELEMENTO COMUNE: CARENZA NELL'AZIONE

Entrambi possiedono un punto debole: la volontà e l'energia per metter in pratica le loro idee; in altre parole, ragionano troppo su quello che devono fare e agiscono poco. Ma mentre il Diplomatico ama la routine, il Romantico ne è terrorizzato al solo pensiero e ama tutto quello che è fuori dall'ordinario.

Domande per eliminare le similitudini	4	9
Ami la routine e l'ordinarietà?	No	Sì
Ami cambiare il quotidiano e trasformare tutto quello che entra nella tua realtà?	Sì	No

EREMITA/ARTISTA
ELEMENTO COMUNE: PIANIFICAZIONE

Un Cinque in fase di stress diviene iperattivo tendendo a organizzare e pianificare una serie di attività senza concretizzare niente di costruttivo. Ma mentre per il Cinque è una fase temporanea, per il Sette è una modalità di vita.

Domande per eliminare le similitudini	5	7
Ami la spensieratezza, il divertimento, e le nuove amicizie (improvvise e non pianificate)?	No	Sì
Ami stare solo e andare dentro te stesso?	Sì	No

ARTISTA/CAPO
ELEMENTO COMUNE: RIFIUTO DELL'AUTORITÀ

Entrambi non sopportano l'autorità e amano l'indipendenza. Però, mentre il Sette la combatte con diplomazia, l'Otto non usa maniere intermedie e sfida chi cerca di limitarlo.

Domande per eliminare le similitudini	7	8
Ami il controllo e l'autocontrollo?	No	Sì
Tendi a esprimere liberamente le tue emozioni senza paura?	Sì	No

Bibliografia

L'ENNEAGRAMMA, La geometria dell'anima che vi rivela il vostro carattere, Helen Palmer, Casa Editrice Astrolabio.

LE NOVE PERSONALITÀ, Don Richard Riso.

SCOPRIRE L'ENNEAGRAMMA, Alla ricerca dei novi volti dell'anima, Richard Rohr/Andreas Herbert, Edizioni San Paolo.

ENNEAGRAMMA, Karn Webb, Gruppo Editoriale Armenia.

CARATTERE E NEVROSI, L'Enneagramma dei tipi psicologici, Claudio Naranjo, Casa Editrice Astrolabio.

ENNEAGRAMMA IN PRATICA, Tiziana Fumagalli, Demetra.

PROGRAMMAZIONE NEUROLINGUISTICA, Lo studio dell'esperienza soggettiva, Robert Dilts/John Grinder/Richard Bandler/Leslie C. Bandler/Judit DeLoizer, Casa Editrice Astrolabio.

LA STRUTTURA DELLA MAGIA, Richard Bandler/John Grinder, Casa Editrice Astrolabio.

THE ENNEAGRAM AND NLP: A JOURNEY OF EVOLUTION, A. Linden/M. Spalding, Metamorphous Press.

PERSONALITY SELLING. USING NLP AND ENNEAGRAM TO UNDERSTAND PEOPLE AND HOW THEY ARE INFLUENCED, J. Valentino, Casa Editrice Paper Back.

Indice

Essere Felici

cerca e propone solo testi speciali,
che possano migliorare la vita di chi legge
e offrirgli un sostanzioso aiuto
nella sua personale ricerca della Felicità.

Essere Felici

pubblica best-seller internazionali,
autori italiani di successo,
e ogni suo libro è un contributo alla creazione
di un mondo più semplice, sereno e bello da vivere.
Di questo mondo, ognuno può essere
protagonista e creatore.

Non c'è alcun dubbio:
possiamo tutti **Essere Felici**.
